Von Gewalt zum Frieden
durch Spiritualität

Gewidmet meinen verehrten Lehrern

DR. LUDWIG HAESLER
FRANKFURT / BERLIN

UND

SUKUMAR SHETTY
MAVINA KOMBE, SAMSE, SÜDINDIEN

MIT TIEFEM DANK

Mit herzlichem Dank an Sukumar und Eberhard für ihr
Einverständnis mit der Veröffentlichung

JUTTA PAGENKOPF

VON GEWALT ZUM FRIEDEN
DURCH SPIRITUALITÄT

EIN BEITRAG ZUR FRIEDENSARBEIT
UND EINE ERMUTIGUNG ZU ERFÜLLTEM LEBEN

Anmerkung:

Text in der Sprache der indischen Weisheit Sanskrit ist kursiv gekennzeichnet

Bibliografische Information der Deutschen Bibliothek:
Die Deutsche Bibliothek verzeichnet diese Publikation in der Deutschen
Nationalbibliografie; detaillierte Daten sind im Internet über
<http://dnb.ddb.de> abrufbar.

Herstellung und Verlag: Books on Demand GmbH, Norderstedt
ISBN 3-8334-3254-3

Wenn wir als Erwachsene mit hellwachem Bewusstsein auf
diese Erde kämen,

und nur 24 Stunden oder höchstens eine Woche Zeit hätten,
sie zu betrachten,

wären wir voll des Staunens und Bewunderns.

Dann hätten wir keine Gelegenheit für neurotisches oder
sonstiges Leid.

Inhaltsverzeichnis

1. Einführung

Im Zentrum von Göttingen steht die Johanniskirche aus dem dreizehnten Jahrhundert mit zwei ungleichen Türmen, ein Wahrzeichen der alten Stadt. In einem der beiden Türme ist für den Türmer eine kleine Wohnung eingerichtet und man kann auch hoch oben den Turm umschreiten. Nach dem Gottesdienst am Heiligen Abend haben die Bläser mit ihren Posaunen von dort Weihnachtslieder über die ganze Stadt erklingen lassen. Das gehört zu meinen Kindheitserinnerungen; ich wurde dort konfirmiert. Fünfzig Jahre später im Januar 2005 berichten nun die Nachrichten, dass der Turm ausgebrannt und vom Einsturz bedroht sei. Die nach vier Jahren gerade abgeschlossenen, sieben Millionen Euro teuren Renovationsarbeiten sind jedoch nicht verursachend dafür gewesen, sondern zwei Jugendliche von fünfzehn und neunzehn Jahren, die am Wochenende das Gerüst bestiegen und die Wohnung angezündet haben. Übermut? Wut? Frustration? Hass? Gegen wen? Die Kirche, eine Obrigkeit schlechthin, die Welt, das Göttliche? Mit Sicherheit ist es auch ein Lehrstück dafür, dass die Vergänglichkeit nicht aufzuhalten ist.

Wir reagieren darauf sprach- und hilflos, ohnmächtig gegenüber so viel Zerstörungswut. Wer kann oder soll die Schäden finanzieren? Wird der Turm abgerissen werden müssen, der achthundert Jahre das Stadtbild mitbestimmt hat?

In den Nachrichten hören wir ständig von Gewalt und Fernsehsendungen scheinen nur noch auf diese Weise unterhaltend zu sein. Gewalt kommt nicht nur aus der arabischen Welt, mit der wir den Begriff Terrorismus inzwischen auch verbinden. Vor fünfzig Jahren, als ich in jener Kirche konfirmiert wurde, gab es in Schulen keine Waffen, und Mobbing war kein allgemein bekanntes Phänomen. Kinder oder Lehrer wurden von Jugendlichen auch nicht umgebracht, wenn auch mancher Schabernack getrieben wurde. Wo liegen die Ursachen für diese destruktive Entwicklung der letzten Jahrzehnte?

Der Theologe W.F Kasch entwickelt in seinem Vortrag[38] die Auffassung, dass der autonome Mensch durch den gesellschaftlichen Atheismus der Ohnmacht und der grundlegenden Frustration ausgeliefert ist, und darauf mit Gewalt reagiert. Sie richtet sich weniger gegen spezielle Objekte, wie es bei Neid beispielsweise der Fall ist, um dessentwillen Gewalt ausgeübt werden könnte, sondern sie stellt vielmehr ein Ziel als solches dar. Der Mensch wird verdinglicht bzw. verdinglicht sich selbst, und „im Stand seiner Entfremdung vom ganzheitlichen SEIN wird Terror das wahrscheinliche Äquivalent einer Gesellschaft ohne Gott". Doch was ist unter diesem Begriff eigentlich zu verstehen?

Unsere Vorstellungen von dem, was wir für unser Leben ins Zentrum unseres Bemühens stellen wollen, bestimmen unsere Haltung gegenüber anderen Menschen ganz wesentlich. Wollen wir Erfolg, Karriere und Besitz d.h. Qualitäten, die aus der Ratio geboren sind und sich auf den äußeren Bereich erstrecken, oder wollen wir ein lebendiges Sein, emotionales Wachsen, Weisheit und sogar Akzeptanz des Todes, Qualitäten, die aus dem Innern, dem ganzheitlichen Sein erwachsen. Prägend für die gewählte Tendenz zur einen oder anderen Richtung mag die Erziehung sein, Vorbilder aus der kindlichen Entwicklung oder in späteren Jahren die Suche nach Überwinden des Leids. Dieser Weg ist in jeder Lebensphase immer wieder neu zu erfragen und zu suchen. Er wird meist nicht von irgendeinem Zeitpunkt an automatisch als Einbahnstraße beschritten, sondern mit Umwegen und Kämpfen darum gesucht.

J. Krishnamurti[1] hat besonders die Suche nach Sicherheit in der gesamten Erziehung, der damit einhergehenden mangelnden inneren Freiheit und der daraus resultierenden Furcht als Ursache beschrieben. Er hält die Liebe in allen Beziehungen für wesentlich, ohne die das Leben eigentlich ohne Sinn ist. Unsere tiefste Sehnsucht sucht nur die Liebe und zwar als Einverständnis mit dem was ist.

Kreativität und Gespür für das ganzheitliche SEIN sind Voraussetzung für ein erfülltes Leben. Fehlt das weitgehend, weil der Verstand regiert, sind Konkurrenz, Hass, Neid und letztlich Krieg die Folge. Die oben beschriebene Frustration, Ohnmacht und Sinnlosigkeit führt in die Gewalt als eigentlich ziellose Aktion. Sie hat nach außen oder gegen sich selbst gerichtet ein hohes Zerstörungspotential, besonders bei Terroristen, die sinnlos Menschen oder Objekte zerstören, und der Liebe völlig zu ermangeln scheinen. Doch was steht alles hinter diesem Begriff des Terrorismus? Was sind die auslösenden Faktoren von Gewalt? Im Einzelnen ist das später zu erläutern.

Der für uns so wichtige, leider abgegriffene Begriff Liebe ist meist missverstanden. Die Vorstellung davon ist in der Regel ein Gefühl von tiefer Zuneigung wie zu einem Menschen, meist gegengeschlechtlich, dem Spielen eines Musikinstrumentes, zu einem Gebäude oder Schmuckstück. Damit verbunden ist aber auch intensives Anhaften bzw. Besitz ergreifen und behalten wollen. Es fehlt bei der Vorstellung der Liebe meist das Bewusstsein dafür, dass sehr viel Eigeninteresse dabei mitschwingt. Bei den eigenen Kindern möchte man sich selbst ein Stück verwirklichen, möchte sie erfolgreich sehen, sich keine Sorgen um sie machen müssen. Beim Partner sucht man Sicherheit und Anerkennung, Bestätigung seines Selbstwertes zum eigenen Wohlbefinden oder um des Gefühls intensiven Erlebens willen.

Liebe im eigentlichen Sinn ist aber etwas ganz anderes: Offen sein ohne Wertung und Erwartung, akzeptieren was und wie es ist, und das Verstehen von erfahrenen und gefühlten Zusammenhängen aus dem eigenen Bewusstsein heraus. Es ist die Hingabe an das Objekt, die Tätigkeit oder den anderen Menschen, letztlich an das SEIN oder das

Göttliche in allen Lebewesen und Erscheinungen dieser Welt, selbst in Krankheit und Leid. Es ist das Leben ohne bzw. mit geringem eigenen Zweck und Nutzen unter Aufgabe der autonomen Eigenständigkeit mit seinen Wünschen, der Gier und dem Bedürfnis nach Größe, nach Recht haben wollen und besser sein, im Idealfall Hingabe in unbegrenztem BEWUSSTSEIN[42]. Die Grundlage dafür ist tiefes Vertrauen unter der Voraussetzung großer innerer Freiheit. Darin liegt das ganze Glück des Menschen verborgen! Deshalb kann es niemals darum gehen, solche Ziele mit einem Imperativ „du sollst" zu verbinden, wie es in den großen Religionen gepredigt wird, und im Christentum den Zehn Geboten zugrunde liegt, zumindest in der sprachlichen Form.

Mit der Freiheit dazu werden wir zwar geboren, doch verlieren wir sie im Lauf der Erziehung durch unsere Umgangsweise miteinander. Wir passen uns allmählich Vorstellungen an, die aus äußeren und inneren Erwartungen erwachsen, bis wir häufig uns selbst fremd sind. Wir sind dann pauschal emotional, nicht konkret realistisch und es mangelt weitgehend an Verantwortung für uns selbst und an emotionaler Eigenständigkeit. Wir haben uns an eine mehr oder weniger subtile Ausübung von Gewalt gewöhnt, die für normal gehalten und deshalb als solche kaum erkannt wird.

Es gibt viele Aspekte der Gewalt[43]. Wir alle üben sie gegenüber dem sensiblen ökologischen System aus, sogar angesichts der Warnungen, die es aus der Wissenschaft und spürbar in extrem heißen Sommermonaten und bei Unwettern genügend dazu gibt. Ein extrem hohes Gewaltpotential richten wir gegen unsere Lebendigkeit, gegen unsere Intuition und unseren Spürsinn. In der Erziehung der Kinder gibt es nicht nur grobe sondern überwiegend subtile Gewalt. Wir haben eine Welt geschaffen, in der Leistung und Geld den offensichtlich höchsten Stellenwert haben, und merken viel zu wenig, dass uns dadurch an Kreativität, Einfühlungsvermögen und vor allem an Lebendigkeit viel verloren ging. Wir drehen uns aus Geltungsbedürfnis oft nur um die eigene Achse und sehen zu wenig den Gewinn aus dem, was andere Menschen, Partner und Freunde uns vermitteln könnten, oder noch mehr unser eigenes Bewusstsein uns durch Intuition schenkt, wenn wir die Bereitschaft und Sensibilität zu Offenheit und Aufrichtigkeit hätten.

Aus eigener langjähriger durchlebter und durchlittener Erfahrung möchte ich dazu Ursachen und realistisch mögliche Veränderungen aufzeigen. Unglücklich sein, Leid, Gewalt und Aggression hängen unmittelbar mit detailliert verästelten Motivationen, Konflikten und vielen inneren Ursachen zusammen. Was wir aber suchen ist Glück, doch wir kennen nicht den Weg zu ihm. Deshalb sind die folgenden Teile eines langen Weges als mögliche Wegweiser und ermutigende Stütze für ernsthaft Suchende gedacht. Es gibt Wege aus dem Leid, wenn man sie nur konsequent verfolgt und niemals aufgibt. Man muss mit unermüdlicher Geduld einen immer größeren Brunnen graben, um zur Quelle zu gelangen, deren klares, frisches Wasser das Leben als wunderbar und lebendig erscheinen lässt, wenn man sich der Intelligenz des Lebens anvertraut, die weit klüger ist als die eigene Ratio. Es kann nicht darum gehen, den Weg möglichst schnell zu finden, sondern ihn als langsamen Wandlungsprozess zu akzeptieren, einschließlich der Umwege. Hätte ich früher gewusst, wie lange es dauert, wäre ich mutlos geworden. Es dauert tatsächlich das ganze Leben. Doch nachträglich bin ich dankbar, nie aufgegeben zu haben. Deshalb möchte ich jeden ermutigen, je nach eigenem Stand der Entwicklung ein Stück des Weges immer wieder aufzunehmen, niemals aufzugeben und sich von dem Leben dabei tragen zu lassen.

Das geistige Material dafür erwarb ich von meinen Lehrern, aus der Literatur und aus eigenem Suchen und Erleben, nicht zuletzt während der Meditation. Deshalb wird hiermit keine wissenschaftliche Arbeit vorgestellt, vielmehr liegt ihr das spürende Erleben mit dem Wachsen und der Transformation zu einer veränderten Welt- und Lebenssicht zugrunde.

2. Aggressionsbereitschaft

Ein heute viel gebrauchter Begriff ist Terrorismus, unter dem die Zerstörung bestimmter Ziele zu verstehen ist mit oft tödlichen Folgen für Menschen, die selbst aus eigener Kraft nichts an den Ursachen für die Unzufriedenheit der Angreifer ändern können. Beispiele gibt es leider genug mit der Zerstörung von Gebäuden, in denen für die Angreifer unbekannte Menschen arbeiteten oder wohnten. Besonders einleuchtend ist der Begriff, wenn Kinder von der Wirkung betroffen sind, die nun gar nicht als Ursache in Frage kommen.

Es gibt für die Ursachen mit Sicherheit viele verschiedene Aspekte, sei es politischer, ideologischer oder persönlicher Art. Ohne die politischen Ursachen speziell für einzelne islamischen Gruppen untersucht zu haben, liegen auch solchen Motivationen zusätzlich emotionale Aspekte zugrunde, ohne die Terror – Aktionen kaum ablaufen dürften. Es gibt auch ohne äußere Aktionen gewalttätige Haltungen, destruktive Neigungen, denen letztlich der Mangel an erfülltem SEIN zugrunde liegt. Der Mensch verhärtet und bildet einen inneren Panzer, je größer der Schrecken bzw. das Grauen war, weil er dadurch eine Schutzfunktion aufbaut. In der Kinderzeit entstehen zusätzlich auch noch große Schuldgefühle, weil das Kind sich schnell verantwortlich fühlt, und die Ursachen bei sich selbst sucht. Damit wiederum ist Angst verbunden, die den Panzer zum Zweck der Abgrenzung weiter wachsen lässt. Der Panzer wird undurchlässig für das Einfühlungsvermögen, und Gewalt jeder Art wird zunehmend möglich. Niemand ist von Natur aus ein Terrorist oder Gewalt verbreitender Mensch, er wird durch die Umstände dazu.

Anlässlich der TV Sendung „Für Allah in den Tod" (am 14.01.2004 um 21.45 Uhr bei ARD) wurde in dem Interview des Terroristen Steven Smyrek diese Ansicht bestätigt. Der junge Mann, ein Deutscher, erfuhr mit seiner Biographie von Kind an einen Mangel an Geborgenheit. Die Eltern waren geschieden, der Stiefvater verprügelte ihn häufig, und so fehlten Anerkennung, Vertrauen und Geborgenheit. Zwischenzeitlich fand er jedoch davon etwas im Militärdienst, doch nicht auf Dauer. Er fand Zugang zum Islam und wurde immer mehr von der Idee überzeugt, dass er bei Allah allein das finden könne, was er suchte. Diese Vereinigung mit dem Göttlichen durch Zerstörung des Selbst und anderer Menschen erscheint uns als ein absoluter Irrweg, weil er wieder zu weiterem Krieg führt. Es ist erschütternd, dass solche Perversion möglich ist. In letzter Konsequenz wollte er sich in Israel in die Luft sprengen und dabei scheinbar etwas für die Palästinenser erreichen. Bevor das möglich wurde, war er ausgiebig observiert worden und wurde bei der Einreise nach Israel 1997 inhaftiert und 1999 zu zehn Jahren Haft verurteilt, die er in Ashkelon in einem Hochsicherheitsgefängnis bis zum Austausch im Januar 2004 verbüßte. Ein derartiger biographischer Verlauf muss nicht zwingend zu solchem Handeln führen, jedoch ist es ein mögliches Resultat.

Terrorist sein bedeutet blinde Zerstörungswut, ohne Versuche, Lösungen in Zusammenarbeit mit den umgebenden Menschen zu finden. Sonstige Gewalt ist offensichtlich, wenn sie in grober Form auftritt, doch weniger oder nicht offensichtlich, wenn sie sich nur in aggressivem Umgangston zeigt. Immer liegt ihr Angst und mangelnde innere Freiheit zugrunde, wobei auch die Wunschphantasie von der eigenen Größe eine wesentliche Rolle zu spielen scheint.

Solche Vorstellungen sind nicht von Beginn der Kindheit an gegenwärtig. Sie können sich aus einer Erziehung entwickelt, die jeglichen eigenen Willen unterbindet, so dass keine kreativen Impulse möglich sind, und Angst die Grundstruktur der Existenz ausmacht. Unfreiheit lähmt jede Freude am Leben. „Wozu das alles" ist vielleicht die einzige Frage. Zum Glück sieht man solch extreme Erziehung im Westen kaum noch. Dafür übt der einseitig hoch gelobte Stellenwert der Leistung einen Lebendigkeit zerstörenden Einfluss aus.

Im Zusammenhang mit faschistoider Haltung, bei der nichts in Frage gestellt wird, und die nicht nur im Nationalsozialismus besonders verbreitet war, sondern auch heute noch oft genug zu sehen ist, kann eine derartige elterliche Überzeugung die Entwicklung zu ausschließlich rationalem Bewusstsein noch verstärken. Hierbei ist zu betonen, dass es sich in seiner Auswirkung primär nicht um ein politisches System handelt, sondern um eine emotionale Struktur von Menschen, die sich selbst völlig fremd sind. Sie haben keinen Zugang zum Selbst, haben ein verkümmertes Gespür für ihre Gefühle, ihren Körper, ihr eigentliches Wollen und keinen Zugang zu ihrem innersten SEIN und vor allem zu ihren unschönen Gefühlen wie Neid, Hass, Missgunst, zu dem Schatten, wie C. G. Jung sagt. Die Menschen trennen Verstand und Gefühlswelt und stellen auch im emotionalen Bereich nichts in Frage. Weil sie sich selbst fremd sind, suchen sie Sicherheit in einem starren Ordnungssystem oder in angepasster Konditionierung. Darin liegt auch der Grund, warum sich heute wieder junge Leute der NPD zuwenden.

Wenn das Erziehungsziel ein angepasster, arbeitsintensiver Mensch ist, innerhalb der Gesellschaft, perfekt funktionierend, ähnlich der Funktion von Soldaten: Gehorsam, Pflicht, Anpassung, Verleugnung des Selbst, kann psychische Krankheit bis zum Suizid daraus resultierten, wenn sich die Destruktion gegen sich selbst richtet.

Den einigermaßen normalen Entwicklungsweg eines Kindes können wir uns in folgender Weise vorstellen: Als kleinste Kinder staunen wir nur über unsere Umgebung, über unser Dasein. Wir sind ganz und gar eine Einheit von Körper und Sein, und erleben uns nicht als getrennt von der übrigen Welt. Das ändert sich jedoch bald. Wir lernen, ich von du und von der Umgebung zu unterscheiden. Dadurch fühlen wir uns zunehmend getrennt von anderen und einsam: Die Ursache von Leid.

Wir wachsen durch weitere Erziehung und Prägung in eine Gesellschaft hinein, die mit uns Absichten hat und einen Weg vorgibt, die Welt begrifflich zu erfassen. Objekte werden benannt und werden dauerhaft zu Symbolen wie z.B. der Tisch, der Baum, der Vater, die Mutter usw. Später gehen wir zur Schule und entwickeln automatisch immer mehr Fähigkeit, zu vergleichen zwischen uns und den anderen Kindern. Wie sehen sie aus, wie verhalten sie sich, was können sie. Die Vorgänge werden schneller, automatisch und unbewusst. Wir beobachten, wer schneller lesen, besser rechnen kann. Konkurrenz entwickelt sich und Neid, die Wurzel von Leid und Frustration, Sanskrit *dukkha*. Es entsteht das Gefühl, dass immer etwas fehlt.

Das Leid ist bei größeren Kindern schon ausgeprägt. Kinder sollen groß, stark und tüchtig werden, viel leisten, später viel Geld verdienen. All das hat den Zweck der Sicherheit[1], materieller wie emotionaler Art. Wir wollen in der Gesellschaft nicht unangenehm auffallen, wir wollen dazu gehören, Erfolg haben in jeglicher Hinsicht und die Konkurrenz ist immer leidvoll dabei. In ausgeprägter Form macht sich Hass breit, verbal oder praktisch in Form von Prügelei, Schreien und heute sogar mit Waffen unter Kindern. Hierin wird sichtbar, wie die Tendenz zu Gewalt zugenommen hat. Pistolen und Messer als Waffen kannten wir 1950 in der Schule nicht. Kinder brachten sich oder ihre Lehrer auch nicht um.

Der Weg der Entwicklung ist in den meisten Fällen mit einer Verfremdung von sich selbst verbunden. Der Zugang zu allen Gefühlen, vor allem zu den unangenehmen, ist nicht ausgeprägt, das Spüren des eigenen Körpers ist unterdrückt, und das Gespür für das Leid, das man anderen antut, ist zumindest graduell verkümmert. Anders hätten die brutalen Handlungen in den Konzentrationslagern nicht stattfinden können. Wer sich ganzheitlich spürt, wer achtsam und wach ist, kann keinen Menschen zerstören oder kann willentlich kein Leid verursachen.

Ursachen der Aggressionsbereitschaft

Das Innere steckt nach einigen Jahren der Schulzeit mehr oder weniger in einem Panzer, der gesprengt werden möchte. Nicht jeder lässt die entsprechenden Reaktionen nach außen wirksam werden. Sie können sich auch nur im Innern abspielen, was als Depression sichtbar wird. Die Pubertät spielt dabei auch eine wichtige Rolle, in der ganz neue Aspekte und Anforderungen an das Leben auftauchen, so dass sehr viel Angst die Grundstruktur der Existenz bestimmen kann, und innere Unfreiheit im ungünstigen Fall die Freude am Leben mindern oder gar ausschließen kann.

In solch einer Grundstimmung ist sehr viel Wut enthalten, die selbst direkt gar nicht erkannt oder verstanden wird. Erst wenn der Leidensdruck extrem groß ist, wird nach einer drastischen Änderungsmaßnahme Ausschau gehalten, die zu einem sehr langen Weg werden kann, der im Folgenden dargestellt ist.

Gruppentherapie als Beginn eines Lösungsweges

Der erste Kontakt mit der Psychotherapie in einer Gruppe bringt die wichtige Erfahrung, mit dem schlechten Zustand nicht allein zu sein. Zwar ist jeder anders, doch gibt es ein Thema mit vielen Variationen: Mangel an Sinn, an Liebe, an Vertrauen und Lebensfreude und ganz viel Angst. Dabei werden beispielsweise Situationen im Psychodrama realisiert, die zusammen mit konkreten Beobachtungen helfen, Ursachen etwas besser zu erkennen. Trotz fachlicher Leitung kann das sehr laienhaft sein und es gibt auf diesem Sektor eine Menge unqualifizierter Leute, die dann mehr Schaden als Nutzen anrichten. Da die Hoffnung auf Besserung unter dem Leidensdruck sehr groß ist, können entsprechend groß auch die Frustration und die Wut bei misslingender Therapie sein. Einem am Anfang der Arbeit stehenden Klienten ist es oft auch nicht möglich zu erkennen, ob der Therapeut ausreichend qualifiziert oder für ihn geeignet ist. Extrem unangenehm können bei einer Gruppentherapie die Ratschläge, die Behauptungen und Reaktionen der anderen Teilnehmer sein, die meinen, auch ohne den Betroffenen genau zu kennen, etwas von Psychologie zu verstehen, um nun aus eigener Hilflosigkeit groß auftrumpfen zu können. Nicht selten können dadurch Schäden angerichtet und falsche Wege eingeschlagen werden.

Den/die „richtige/n" Psychoanalytiker/in zu finden, ist auch ein Geschenk, bei dem es keine Zufälle zu geben scheint. Mancher mag möglicherweise auch niemanden finden, der genug qualifiziert oder geeignet ist, um nichts Essentielles ändern zu müssen, weshalb das Finden auch misslingen kann.

3. Untersuchung der Zusammenhänge durch Psychoanalyse

Was ist eigentlich Psychoanalyse aus der Sicht eines Klienten?

Erkenne dich selbst, dann erkennst du Gott, sagten die Griechen. Psychoanalyse ist eine langwierige, teure und höchst komplexe Methode, die das Ziel hat, *selbst* zu erkennen, wer man ist, bis in tiefste, nahezu unbewusste Regionen. Es ist auch eine Methode, bei der zwar der Kopf eine große Arbeit leistet, bei der jedoch das ganzheitliche Erleben in kleinsten, sehr schmerzvollen Schritten zugelassen werden muss und immer mehr auftaucht. Intensive Erfahrungen sind seltener, verglichen mit dem holotropen Atmen, bei dem ganzheitliche, sehr heftige Erfahrungen gemacht werden. Es werden immer wieder Wunden geöffnet, die schmerzen und intensives, langes Weinen verursachen, die Verzweiflung mit sich bringen und Hoffnung nicht erkennen lassen.

Ziel und Möglichkeiten der Psychoanalyse[4]

Aus Sicht des Klienten hat die Analyse zum Ziel, Mauern und Dämme, die aus der Erziehung, Veranlagung und/oder mangelnder bzw. fehlerhafter Entwicklung entstanden sind, langsam und ohne neues Trauma aufzulösen. Aus dem behinderten Menschen wird ein wachstumsfähiges Wesen, das aus eigener Intuition allein und im Zugang zum eigenen Selbst daran weiterarbeiten kann, um so lebendig wie möglich zu sein.

Die unmittelbaren Möglichkeiten der Analyse sind insofern unbefriedigend, als der Klient mehr oder weniger heftig leidet und von seinem schlechten Zustand baldmöglichst befreit werden möchte. Er sehnt sich heute nach dem ärztlichen Rezept für seine Beschwerden, ähnlich einem

Medikament, das sie beseitigen soll. Aber das gibt es in der Analyse nicht. Dadurch ist der Prozess in sich selbst schon leidvoll. Geduld ist vonnöten und Vertrauen, was gerade überhaupt nicht bei solchen Menschen vorhanden ist. Analyse ist eine Operation ohne Narkose, denn sie erzeugt körperliche Schmerzen, die über Jahre andauern können. Es verlangt eine blinde Stärke, diesen Weg auszuhalten.

Was sich manchmal zeigt sind Phänomene, die früher ein Problem waren und plötzlich nicht mehr existierten. Ein bestimmter Tag, eine Therapiestunde, durch die das Übel ausgerottet wurde, lässt sich nie ausmachen. Dadurch ist die Hoffnung relativ gering, dass für das Leben ein ganz anderes, frohes Grundgefühl möglich sein könnte. Wenn man in dem Prozess steckt, kann man sich nicht vorstellen, da jemals heraus zu kommen. Hoffnung wird auch nicht gemacht, denn ein/e Therapeut/in ist kein Hellseher und kann nicht Entwicklungen voraus sehen. Zu viel hängt schließlich von der Bereitschaft des Klienten ab. Es kann jedoch auch innerhalb des Prozesses zu einer so großen Besserung kommen, dass der weitere Weg sogar zu einem Genuss wird, weil es einen geistigen Partner gibt, wie man ihn im Leben nirgends findet. Es kann dabei auch intensive spontane Erfahrungen geben. So erfuhr ich das seitliche Auseinanderbrechen von zwei riesigen Schalen, die den Körper dicht umschlossen hatten, mit dem Gefühl großer Freiheit und Erleichterung.

Man lernt sehr viel für das Leben und kann dadurch mit den vielen unvorhersehbaren Situationen viel besser umgehen. Dadurch wird allmählich auch die Angst geringer. Dieser Prozess kann viele Jahre dauern und verlangt unbändige Geduld. Wann ist die Analyse beendet? Sie verlangt das ganze Leben und setzt sich auch ohne den/die Analytiker/in selbstständig fort, wenn sie erfolgreich war. Immer wieder neu stellt sich nämlich die Frage, wer bin ich, was bezwecke ich damit und was will ich eigentlich. Der größte Schub zur Freiheit und zu Wachstum ereignet sich übrigens erst nach der Analyse, weshalb es schwer ist, sie zu beenden.

Da es sich um lebendige Menschen handelt, ist jede Analyse individuell abhängig von der Zielsetzung und dem Konzept des/der Analytikers/in. Es gibt die grundlegende Auffassung nach Freud, nur das neurotische Material zu zersetzen, worauf sich Neues von selbst bzw. vom Klienten aus bewusst aufbaut. Es gibt aber auch die aktive Arbeit an der Stärkung des Selbstbewusstseins.

Arbeitsweise der Psychoanalyse

Eine Analysenstunde dauert fünfzig Minuten und scheint in seltenen Fällen ewig zu dauern oder meist viel zu schnell zu Ende zu sein. Die Betrachtung geht von dem aus, was vom Klienten als Problem aufgerollt wird und führt meist zu Reaktionen, mit denen man nicht rechnet. Das ist besonders faszinierend. Nicht *was* man sagt, sondern vor allem *wie* es dargestellt wird und auf welche emotionale Lage es schließen lässt, was die Seele damit sagt, ist der Gegenstand des Gespräches. Wesentlich und Voraussetzung für diese Arbeit ist die Bereitschaft, die Aufmerksamkeit auf innere Vorgänge zu richten und das Überwinden des Leids an die oberste Stelle aller Interessen zu stellen. Darin besteht ein Ziel der Analyse, ohne das kein Erfolg denkbar ist. Das gilt auch für einen weiteren spirituellen Weg, wenn man ihn denn anschließen möchte. Nun gehört zu jeder Aufgabe eigentlich das ganze Interesse, um erfolgreich zu sein. Im Fall der Analyse muss die Bereitschaft vorhanden sein, ohne Konkurrenz mit anderen Interessen dieses Ziel zu verfolgen. Wer diese Arbeit beiläufig betreibt, kann das Leid wohl kaum überwinden. Ursache dafür ist die Schwierigkeit, extrem schwache und üblicherweise nicht erkennbare Gefühle, vor allem blitzschnelle Phantasien und auch Motivationen aufzuspüren. Solche Phantasien und Gefühle waren mir überhaupt nicht bewusst und wurden im Lauf der ersten zwei Jahre zu einer großen Entdeckung. Deshalb ist es beispielsweise für Menschen in sehr verantwortlichen Positionen nicht leicht, sich der Analyse zu unterziehen. Gerade wenn man nicht – wie sonst bei der Arbeit üblich – leistungsorientiert einen psychischen Problemkreis betrachten will, kann man sich nicht wie vor eine Arbeit davor setzen, um darüber nachzudenken. Die Erkenntnisse entwickeln sich bruchstückhaft in kleinsten Häppchen beiläufig und kommen an die Oberfläche, wenn man gerade nicht bewusst damit beschäftigt ist. Dann aber muss man sie herausfischen aus dem See der Gefühle, Phantasien und Fragen, und sie weiter für die Aufbereitung vor dem inneren Auge vergrößern, um sie überhaupt bearbeiten zu können. Gerade eine praktische Arbeit scheint besonders geeignet dafür zu sein, weil der rationale Verstand in dieser Zeit nicht die emotionale Beschäftigung erdrückt.

Der Spiegel

Der Klient wird bei der analytischen Arbeit nur gespiegelt. Das bedeutet, er bekommt sein Verhalten mit anderen Worten und vor allem unter ganz anderen Aspekten dargestellt. Das kann insofern schwierig sein, wenn man glaubt, all das gespiegelte Verhalten ändern zu müssen. Wozu sonst wird es aber gezeigt? Um Ändern geht es aber gerade nicht, sondern nur um das Erkennen dessen was ist. Bis diese Tatsache verinnerlicht ist, kann es viele Jahre dauern oder gar bis an das Ende der Analyse, denn wir Menschen sind ja im Sinne des Änderns von Kind an konditioniert. Schwierig ist auch das Gefühl auszuhalten, so viel Unvollkommenheit, Behinderung oder Beschränkung mit sich herumzutragen. Die Arbeitsweise lässt einen viel allein mit seinen Fragen und Nöten im Gegensatz zur Gesprächstherapie, in der es vielerlei Ratschläge und Ansichten, vor allem Tröstungen gibt, die aber leider unselbständig und abhängig machen, und die intensive Auseinandersetzung mehr verhindern als fördern. Das bewusste Betrachten all der

Unvollkommenheiten ist allerdings nicht dazu geeignet, Selbstwertgefühl zu entwickeln, das häufig fehlt.

Dem Klienten werden weder Ratschläge noch Lösungen vermittelt. Es wird immer nur gespiegelt, *was* gesagt wird und *wie* es gesagt wird, welche emotionalen Ursachen und Zusammenhänge dabei erkennbar sind. So kann es sein, dass man sich über die Ungerechtigkeit eines Mitarbeiters beklagt. Die Reaktion ist dann niemals eine Bestätigung für die Klage. Im besten Fall wird erläutert, das Problem von Macht untereinander werde diskutiert oder welche Gelegenheit man selbst dem Kollegen vermittelt hätte, auf die beklagte Weise zu reagieren. Es dürfte keine Frage sein, dass so eine Arbeit schwierig und langwierig ist und man den/die Analytiker/in nie wirklich kennen lernt oder erfährt, was er/sie denkt oder wie er/sie dazu steht.[10] So ist man immer im Glauben, er/sie beherrsche das Thema oder Problem und nur man selbst habe gar keine Ahnung. Ein/e Analytiker/in „hat" einfach keine Probleme und so kommt man sich immer entsetzlich klein und ohnmächtig vor gegenüber dem gigantischen Spiegel.

Verzweiflung kann die Folge sein. Es geht einem während dieses Prozesses durchaus nicht gut, so wie man es sich eigentlich wünscht. Hoffnung auf spätere Besserung wird auch nicht geweckt. So wundert es nicht, dass um die Analyse ein großer Bogen gemacht wird. Sie ist nämlich ein Stück Weg durch Dantes Hölle. So manches Wochenende wird verweint und manche Nacht. Der Klient ist eigentlich weitgehend allein. Das hat den immensen Vorteil, dass er später das Gefühl hat, die Einsichten selbst gewonnen und die Probleme selbst bewältigt zu haben. Man wird unabhängig und, was das wichtigste ist, authentisch. Der Glaube an die Aufrichtigkeit des Therapeuten, die Methode der Analyse helfe wirklich, gibt die Kraft, sie durchzustehen.

Der Beobachter

Psychoanalyse hat sehr viele Aspekte. Durch Beobachten des eigenen Verhaltens als ein Drittes gewinnt man langfristig die Fähigkeit, auch unangenehme Verhaltensweisen von sich zu betrachten, ohne sogleich das schmerzhafte Gefühl zu bekommen, furchtbar schlecht zu sein. Man wird kritikfähig gegenüber sich selbst und gegenüber anderen. So lässt sich immer ausgiebiger betrachten, was ohne Analyse schwer erträglich ist, nämlich die unschönen Seiten, den Schatten, der zu jedem lebendigen Menschen nun einmal dazu gehört. Bei dessen Verleugnung wird er starr und läuft mit einem unsichtbaren Panzer herum. Kein Mensch kann nur gut sein, indem er die Kehrseite verleugnet. Eine solche Haltung mag manchen zu klerikaler Neurose gebracht haben.

Die „Technik" der Analyse besteht u. a. darin, von zwei verschiedenen Seiten etwas Drittes, das Berichtete anzuschauen. So gewinnt der Klient als Beobachter allmählich Abstand zu sich selbst, ohne unmittelbar, also weniger schmerzhaft involviert zu sein. Er lernt mit der Zeit, sich selbst neben sich zu stellen und die Situation zu betrachten, als ginge es um ein Bauwerk oder eine irgendwie sachliche Frage, bei der es nicht um aufregende oder schmerzende, emotionale Zustände geht. Er lernt auch, über die eigene Dummheit zu lachen. Es ist gleichzeitig die optimale Vorbereitung für den späteren spirituellen Weg, bei dem diese Fähigkeit eine wesentliche Rolle spielt.

Loslassen und Verlagern auf andere Ebenen

Auch das Loslassen ist ein wichtiger Aspekt in der Analyse, indem der Klient von seinem Problem abgelenkt, und ihm eine ganz andere Sicht eröffnet wird. Normalerweise denkt man ja, ein Problem löse sich durch eine dafür spezifische Aktivität oder gar mehrere. Je heftiger man an etwas arbeitet, umso größer sei der Erfolg, lernt man üblicherweise für das Leben. Doch in der Analyse ist das ganz anders und entspricht darin auch der Spiritualität. Durch Loslassen, auch eine Art von Ablenken, kommt man von dem Konflikt, um den es meist geht, am besten weg. Viele Probleme sind ja nur dadurch vorhanden, dass wir unrealistische Vorstellungen haben. Wir wollen oft mehrere widersprüchliche Aspekte gleichzeitig erfüllen und können sie nicht miteinander kombinieren. Wir sind im Westen kompliziert, vor allem durch unsere Lebensweise mit den überhöhten Ansprüchen an Leistung und Wunscherfüllung, die sehr komplex und vielschichtig geworden sind.

H. von der Osten[7] sagt, das beste Mittel, etwas sein zu lassen, ist es sein zu lassen. Es lohnt sich sehr, das auszuprobieren!

Man stelle sich allein diesen Konflikt junger Frauen vor, die sich im Beruf verwirklichen wollen, und doch auch Kinderwünsche haben. Da gibt es Unvereinbares oder zumindest schwer Vereinbares. Irgendetwas bleibt auf der Strecke. Entweder der Beruf wird nicht ganz befriedigend ausgeführt, oder häufig kommen die Kinder zu kurz und auf jeden Fall kommt die Frau zu kurz, weil sie an mehreren Fronten hart gefordert ist. Für ihre persönliche Entwicklung bleibt gar keine Zeit. Im besten Fall wird sie physisch krank und muss dann die Situation ändern. Im schlechtesten Fall kann sie emotional verhärten. Eine Suche nach Sinn verlangt immens viel Zeit und so auch die persönliche Reifung. Erst im Zusammenhang mit der Analyse wird der ganze Hintergrund für das Leben verständlich. Wie soll das aber mit zwei Aufgaben – Mutter und Beruf – bewältigt werden. Vielleicht liegt ein Grund für unsere oberflächliche „Spaßgesellschaft" darin, in allem schnell sein zu wollen, um nicht unendlich viele, weitergehende Fragen stellen zu müssen, die Zweifel an dem Sinn unserer Handlungsweisen aufkommen lassen.

Widerstandsanalyse

Das Spiegeln und Erklären der ursächlichen Zusammenhänge von Verhaltensmustern in der Analyse wird leicht als Kritik empfunden, so wie es auch im Leben üblicherweise zugeht. Um Kritik geht es tatsächlich aber gar nicht. Die natürliche Reaktion des Klienten darauf ist Widerstand. Das kann man auch täglich im Alltag beobachten und entspricht jedermanns Erfahrung, weshalb man sich besser mit Kritik zurück hält. Der Widerstand baut sich auf gegen den Versuch, andere Verhaltensmuster in Betracht zu ziehen, denn sie stellen in gewissem Sinn eine Kränkung dar. Alte Verhaltensweisen werden mit einem Hinweis als ungut bewertet und so das bisherige Leben als vergeblich erlebt. Auch wenn es nicht zum Konzept der Analyse gehört, zu bewerten und zu urteilen, sind wir durch unsere westliche Weltanschauung doch so programmiert, dass wir es sofort in eine Abwertung verwandeln. Dieser Widerstand, der zu unserem minimalen Selbstwert und Selbstschutz unumgänglich notwendig ist, darf auf keinen Fall gebrochen werden. Die Folge wäre eine erneute Traumatisierung, von der jeder Klient in der Kindheit durch Brechen von Widerständen über genug erfahren hat. Ein hilfreicher Weg kann nur die Analyse des Widerstandes sein. Es sind hierfür im einzelnen Fragen zu stellen, woraus dieser besteht, wie er sich anfühlt, was er einem bedeutet und die wichtigste aller Fragen, ob er wirklich sein muss, und ob es nicht möglich ist, dennoch Alternativen zu bedenken. Mit dieser Arbeit sind unbändige Schmerzen verbunden und ohne aus der Tiefe stammendes Weinen wird es keine Analyse geben. Es gehört deshalb das ganz große Vertrauen zu demjenigen dazu, mit dem der Klient arbeitet. Es ist das Wissen, dass letztlich alles Hilfe ist, und dieser Weg zur Befreiung führen kann. Hat man solche Widerstände oft genug erarbeitet, ist die Bereitschaft jederzeit vorhanden, viele Möglichkeiten zu bedenken, ohne darüber gekränkt zu sein. Es wird später sogar schwer vorstellbar, dass es früher damit Probleme gab. Es entsteht dadurch eine große Weite und viel geringere

Verletzbarkeit und der Raum der Angst wird zunehmend kleiner. Die Analyse des Widerstandes ist für den späteren spirituellen Weg von ganz großem Wert, weil er auch da eine enorme Hürde darstellt, die sich ohne Analyse schwer überwinden lässt.

Körper und Gefühle erspüren

Es geht mit Hilfe der Analyse darum, die eigenen Gefühle genau kennen zu lernen, die Motivationen, Zweck und Ziel des Wollens und Handelns. Das Ziel ist, dem Menschen ständig das Fühlen und Spüren des Selbst neben all seinen Aktivitäten zu ermöglichen. Er wird ein dauernd fühlendes Wesen, das mit seinem Innenleben und dem ganzheitlichen körperlichen Empfinden einen nicht abreißenden Kontakt hat. Er wird dadurch auch zu einem Menschen, der nicht mehrere Dinge gleichzeitig tun kann. Diese Gefühle sind oft nur sehr schwach zu ahnen und müssen durch den Verstand und das Gespräch darüber verstärkt werden. Darin besteht das Bearbeiten des so genannten „Unbewussten", bei dem es sich immer nur um sehr diffus und schwach Bewusstes handelt. Völlig Unbewusstes kann gar nicht bearbeitet werden.

Als weiterer Umstand kommt hinzu, dass in der Generation der Kriegskinder eine körperfeindliche Erziehung durchaus üblich war. Aufklärung über Sexualität gab es im Schulunterricht damals nicht. Eltern drückten sich regelmäßig davor. Es war nicht umsonst die Zeit der Filme von Oswald Kolle, die diesem Umstand Abhilfe schaffen sollten. Die Erkenntnisse von Sigmund Freud über die Bedeutung verdrängter Körpererfahrung war aus gesellschaftlicher Sicht zeitlich noch nicht so lange her, dass nicht doch noch Probleme daraus resultierten. In der heutigen Zeit sieht es in diesem Punkt wesentlich besser aus, wenn auch die Offenheit der im TV gezeigten Bilder keinen Raum mehr für Geheimnisse im positiven Sinn lässt. Im übrigen können auch Einflüsse aus kirchlicher Richtung eine wichtige Rolle spielen, die Hemmungen verstärken können.

Aufrichtigkeit

Besonders wunderbar ist es, immer ganz aufrichtig sein zu können, keine Rolle spielen zu müssen. um es jemand anderem recht machen zu müssen. Man darf man selbst sein! Ein Genuss! So kann man Luthers Wort real erfahren: „Die Wahrheit wird euch frei machen"

Besonders schwer erträglich können solche Reaktionen und Hinweise sein, die Möglichkeiten völlig andersartigen Denkens oder Handelns aufzeigen, die einem völlig fremd sind. Sie machen Angst und zeigen zudem, dass es etwas gibt, das man überhaupt nicht kennt. Damit kann eine Demütigung verbunden sein, die sehr schmerzhaft ist. Es gibt demnach etwas, dass der/die Analytiker/in beherrscht, von dem man keine Ahnung hat. Diese schmerzhaften Zusammenhänge erzeugen einen solchen Widerstand, dass jede Stunde zum Abbruch der Arbeit führen könnte. Auf dem Weg nach Hause macht man sich aber klar, dass es nicht um Demütigung gehen kann, da man ja um Hilfe gebeten hatte, und beschließt jedes Mal, trotz des Schmerzes den Versuch zu machen, die Sache neu zu überlegen und das nicht nur am gleichen Tag, sondern an allen folgenden Tagen bis zur nächsten Stunde.

Ganz neu ist auch, sich dem Spüren zu überlassen anstelle rationaler Betrachtung oder gar des Recht haben wollens. Nicht denken, nur spüren, wenn es auch der Schmerz ist oder überhaupt die Atmosphäre der Stunde mit ihren oft unangenehmen Resultaten. Argumente zur eigenen Rechtfertigung oder gegen die Einsicht von neuen Gedanken kommen vom Kopf her und bringen gar nichts, weshalb sie bestenfalls fallen gelassen werden sollten.

Bei diesem Prozess wird die ungeheure Wut deutlich, die aus der Verfremdung des Selbst resultiert. Eine große Strecke des Lebens nur Vollzieher von Wünschen und Vorstellungen anderer wie Eltern, Lehrer, alle Art Autoritäten gewesen zu sein, eigene Gefühle und Wünsche verleugnet haben zu müssen, den gesellschaftlichen Gepflogenheiten nachgekommen zu sein und zu funktionieren, geht am Leben völlig vorbei. Und darin liegt auch der Grund für aggressives Verhalten, für Gewalt und letztlich für Krieg. Deshalb sagt der indische Weisheitslehrer Krishnamurti[1], dass jede Art von Autorität der vollen Lebendigkeit schade, und jeder nur aus sich selbst alles herausfinden und sich entwickeln solle.

Der Entwicklungsweg

Die „Fortschritte" bei der Analyse kann man sich wie auf einer Spirale vorstellen, niemals linear. Sie bleiben auf einem höheren Niveau erhalten. Sie können im Stadium des Halbwissens dazu führen, dass man seine Umgebung analysiert, weil das leichter ist als sich selbst und auch als Trostpflaster dient. Wenn man anderen das Wissen auch zuweilen noch mitteilt, hat das natürlich unangenehme Folgen. Erst später durch größeres Wissen lernt man das Schweigen über alles, was man auch bei anderen sieht und erfährt. Es hilft nämlich niemandem, wenn er – sogar unfreiwillig – über sich etwas erfährt. Der Schmerz erzeugt nur Aggression, die sich gegen den Verursacher richtet. Erfolg bei der Analyse bedeutet, zu seinem eigenen Urgrund zurückfinden, zu innerer Freiheit finden und hat nichts zu tun mit dem, was üblicherweise unter Fortschritt z.B. im technischen Zusammenhang verstanden wird. In letzterem Sinn bedeutet ja Fortschritt „von sich fort schreiten" sich selbst fremd werden.

Man lernt nicht nur sich selbst kennen und verstehen, sondern auch andere Menschen. Niemand ist etwas so besonderes, dass er ein Spezielles darstellt und sich nicht auch in anderen Menschen findet. Dadurch wird man in die Lage versetzt, viel besser als früher mit Menschen und Situationen umgehen zu können.

„Das Ziel des Lebens ist es, ganz geboren zu werden. Der Tod tritt ein, wenn die Geburt aufhört. Die Tragödie der meisten Menschen besteht darin, zu sterben, ehe sie ganz geboren sind", sagt E. Fromm.

Folgen der Psychoanalyse für den Klienten

Im Leben können wir beobachten, wie die Menschen miteinander verkettet sind. Jeder ist im Bild gesehen eine Kugel, die an Fäden hängt, die mit anderen Kugeln verbunden sind. So machen wir andere Menschen zu Autoritäten, und ihre Meinung über uns ist wie die Schwingung einer solchen Kugel, die sich über uns ausbreitet. Je mehr wir diese Fäden durchtrennen können, umso unabhängiger werden wir.

Das Durchtrennen der Fäden ist mit der Analyse nur bedingt möglich. Die Fäden werden – um im Bild zu bleiben – immer dünner, doch ob sie ganz durchtrennt werden können, kann nicht endgültig entschieden werden. Eine innere Auseinandersetzung ist auch nach jahrelanger Arbeit immer wieder notwendig.

Diese Art der Arbeit an sich selbst stärkt das Ich, die Selbstsicherheit, und führt zurück zum Spüren des Selbst, zu voller Lebendigkeit und dem großen Bereich aller Gefühle, von denen keine mehr unbemerkt bleiben. Sie bringt aber die Probleme, die seit Kinderzeit in einem stecken, nicht völlig zum Verschwinden. Man lernt, mit ihnen zu leben und sie zu verstehen und dadurch sie anzunehmen. Ein sehr großer Wert ist die Fähigkeit, geistig und psychisch weiter zu wachsen. Die Eigenverantwortung wird allerdings so groß, dass in voller Konsequenz dadurch erkannt wird, für alles selbst verantwortlich zu sein, was sehr belastend ist. Es gibt einen großen Zuwachs an Verständnis und vor allem an der Fähigkeit, mit Menschen und Situationen adäquat und einfühlsam umzugehen, wodurch Sicherheit und Gelassenheit wachsen, doch das eigentliche Leid bleibt, das frustrierende Gefühl, allein und getrennt zu sein. Man lernt, absolut alles, nicht nur rational sondern auch spürend, in Frage zu stellen. Ein besonderer Gewinn der Analyse ist die Fähigkeit des Spürens vom eigenen Körper, der Strömungen des eigenen emotionalen Befindens und der zwischenmenschlichen Atmosphäre. Dadurch ist die volle Lebendigkeit wieder bewusst geworden. Man muss aber auch lernen, durch das erweiterte Bewusstsein einsamer zu werden und anderen Menschen niemals sagen zu dürfen, welche neurotischen Verhaltensweisen man an ihnen beobachtet. Man erkennt sie genauso wie der/die Analytiker/in sie an einem selbst erkannt hat, ohne jeglichen Einfluss, sie ändern zu können. Aufgrund des Verzichtes auf Macht und der Erkenntnis, nur Schaden anzurichten, wenn jemand so etwas gar nicht erfahren will, ist das allerdings nicht schwer.

Auch wenn ich mich am Ende der Analyse wie ein weites, umgepflügtes Land fühlte, das neu besät werden kann, war es der größte Schock zu hören, das neurotische Leid sei nun vorüber, das normale Leid sei weiterhin vorhanden. Tatsächlich war das nagende Gefühl von Getrenntheit von anderen Menschen und der Welt, von Einsamkeit und von mangelndem Selbstwert nach der Analyse identisch mit dem vor dieser Zeit. Wodurch sollte es sich auch entwickeln, worauf sich begründen? Ich wollte aber nicht immer mit dem angeblich unveränderbaren Leid leben müssen!

Einfluss der Analyse für das Verständnis der christlichen Aussagen.

Ganz beiläufig habe ich durch diese Arbeit ohne konkrete Bearbeitung verstanden, was im Lauf der religiösen Erziehung eigentlich hätte vermittelt werden sollen, was vom Sinn her mit den christlichen Aussagen gemeint war. Durch Gewinn von Freiheit bekam ich eine Vorstellung von dem, was unter den übermittelten Jesus – Worten wirklich zu verstehen sein müsste. Ich hatte mich schon seit längerer Zeit von der Kirche abgewandt, weil sie etwas versprochen hatte – Erlösung – was es nicht gab. Ich begann immer mehr zu verstehen, dass Jesus diese Freiheit für Menschen gewollt hat, in die ich hineinwuchs. Das hatte nichts mit dem zu tun, was die Kirche vermittelt zu haben schien. Offensichtlich ging es nicht mir allein so, sonst hätte nicht Franz Alt darüber ein Buch geschrieben[9]. Diese Erfahrungen reichten jedoch nicht aus, eine neue Basis für das zu finden, was die Kirche vermittelt hatte. Ich fand es lediglich sehr beachtlich, was im Lauf der Jahre durch die Verfremdung des Menschen aus der ursprünglich als heilsam von Jesus vermittelten Weisheit durch Entstellung geworden ist.

Was sich für mich nach der Analyse abspielte, war schrecklich und wunderbar. Schrecklich war das tiefe Depressions-Loch, in das ich durch einen Briefwechsel mit meinem Lehrer wieder fiel, denn nun gab es keinerlei Hoffnung mehr, wesentliche noch immer ungelöste Probleme zu verändern. Gerade solche, wegen der ich die Analyse angefangen hatte, und die ich unbedingt verändern wollte, waren unverrückt vor mir stehen geblieben. Ich weinte ein viertel Jahr lang morgens und abends. Es war schwärzer als vor Beginn der Analyse. So erlebte ich den Tod der Grundbedürfnisse und Hoffnungen. Was ich nicht wusste und während dieser dunklen Zeit nicht ahnte, dass dieser Tod eine wichtige Voraussetzung war, und er mich zu einer inneren Freiheit bringen würde, die ich nie zuvor kannte. Frei wie ein Vogel fühlte ich mich später durch den folgenden spirituellen Weg, den ich mit der indischen Weisheit Advaita-Vedanta beschritt. Krishnamurti sagt, dass das Sterben im Sinne von jederzeit alles loslassen, was einem besonders lieb ist, die wichtigste Voraussetzung für das Leben in aller Fülle ist[2]. Der Tod hat für ihn und ebenso in der Advaita-Vedanta Weisheit nicht die Bedeutung des endgültig die Welt Verlassens, sondern eines ständigen

Aufgebens, was Goethes Gedicht „Selige Sehnsucht" poetisch und nicht nur für die erotische Ebene verdeutlicht:

Sagt es niemand, nur den Weisen, weil die Menge leicht verhöhnet,
das Lebendge will ich preisen, das nach Flammentod sich sehnet.

In der Liebesnächte Kühlung, die dich zeugte, wo du zeugtest,
überfällt dich fremde Fühlung, wenn die stille Kerze leuchtet.

Nicht mehr bleibest du umfangen in der Finsternis Beschattung,
und dich reisset neu Verlangen auf zu höherer Begattung.

Keine Ferne macht dich schwierig, kommst geflogen und gebannt,
und zuletzt, des Lichts begierig, bist du Schmetterling verbrannt.

Und so lang du das nicht hast, dieses: Stirb und werde!
Bist du nur ein trüber Gast auf der dunklen Erde.

An die Analyse schloss sich eine Kette von rasch aufeinander folgenden miteinander verzahnten Ereignissen an, durch die ich ganz neue Wege fand. Sie lehrten mich, dass es Zufall nicht gibt, sondern eine wunderbare Kraft, die einen trägt und mit allem Essentiellen beschenkt, wenn man sich ihr nur anvertraut, womit sich das spätere Kapitel über Spiritualität beschäftigt. Damit wurde das Leben faszinierend, wunderbar und ganz lebendig. Nachdem ich dieses Anvertrauen einmal praktiziert hatte, fand ich die Wirkung so faszinierend und überzeugend, dass es zur Grundlage meines Handelns wurde. Dazu traf ich auch noch immer mehr Menschen, die das auch kannten! So verstand ich mit 60 Jahren zunehmend, warum das Leben so schrecklich verlaufen war und welchen Sinn all das Leid hatte. Der Neid auf Menschen, die es anscheinend viel besser hatten, verflüchtigte sich, weil sie wahrscheinlich oder möglicherweise die Wunder gar nicht erfuhren[39].

Andere psychologische Methoden aus eigener Erfahrung

Für die Analyse gibt es nur den Raum der Sprache. Da wir ganz wesentlich vom Körper bestimmt sind, sollten auch Informationen darin gespeichert sein, die sich dem sprachlich zugänglichen Raum entziehen. Es lohnt sich daher, zusätzlich in diesem Bereich des wenig Bewussten zu forschen, wofür es mehrere Möglichkeiten gibt.

Holotropes Atmen

Während man bei der Analyse körperlich keine Aktivitäten ausführt, ist das holotrope Atmen auch körperlich ein ganz heftiger Prozess. Holotrop meint ganzheitlich, so dass man durch intensives und schnelles Atmen mit Sauerstoff überschwemmt und ein veränderter Bewusstseinszustand erreicht wird, der das Gedächtnis extrem aktiviert. Es ist auch ein Vorgang, bei dem der Körper agiert, ohne zu denken. Dabei werden sehr lang zurück liegende Erlebnisse ganz real und wieder lebendig, die man sonst nicht verstehen könnte[5,6]. Man kann in faszinierender Weise für vorübergehende Zeit Erkennender, Erkanntes und Erkenntnis über die Situation in einem sein, wie es als Zustand der Erleuchtung für Advaita-Vedanta im späteren Kapitel über den spirituellen Weg beschrieben ist. In vielen Fällen werden sehr schmerzhafte Geschehnisse erlebt, an die man sich lieber überhaupt nicht erinnert. Doch wird dabei ganz deutlich, dass der Mensch überhaupt nichts vergisst. Der Verstand ist nicht ausgeschaltet, aber in seiner Aktivität stark reduziert. Die Erfahrungen sind deshalb besonders beeindruckend. Auch schöne Erfahrungen sind möglich, beglückende, die lang anhaltende Wirkungen hinterlassen. Das holotrope Atmen ist deshalb eine Methode, die die Analyse erheblich ergänzen und erweitern kann. So ist es durchaus nahe liegend, dass Geschehnisse, die sich der Analyse entzogen haben, durch holotropes Atmen zu klären und zu lösen sind. Um diese Methode erfolgreich zu praktizieren, braucht es einen erfahrenen Leiter, der die stets nur in einer Gruppe stattfindende Arbeit betreut. Bewährt hat sich die Verwendung intensiver Musik zur Unterstützung für den Klienten, um in einen veränderten Bewusstseinszustand zu gelangen. Geeignet ist dafür keine klassische oder sonst bekannte Musik, sondern nur fremde und möglichst „ursprüngliche" wie afrikanische Trommeln, indische Ragas, durchaus auch mit aggressivem Charakter, je nach Verlauf der Atmosphäre in der Gruppe. Die Teilnehmer sollen ja nicht geschont werden, sondern die Möglichkeit haben, Leid aus alten, blockierenden Erfahrungen herauszuschreien, zu prügeln und jegliche Form von Verarbeitung bis hin zum Erbrechen wahrzunehmen. Deshalb findet diese Arbeit in abgelegenen Häusern statt. Zum Schutz aller wird jeder, der aktiv auf einer Matratze liegend atmet, von einem „Sitter" begeleitet, der neben der Matratze sitzt. Er achtet darauf, dass sich der atmende Teilnehmer nicht selbst oder andere verletzt. Es werden Kissen unterlegt, Abgrenzungen zu anderen Teilnehmern vorgenommen oder Hilfen für besonders schwierige Situationen durch Fachleute herbeigeholt. Allein zu Hause ist es nur praktikabel, wenn man bereits Erfahrung hat, und man sich der beschränkten Hingabe bewusst ist, wenn jeglicher Sitter fehlt. Es ist eine großartige Möglichkeit, um herauszufinden, was man eigentlich will. Wichtige Entscheidungen und Veränderungen können dadurch geklärt und erzielt werden.

Kybernetische Methode (Henning von der Osten)

Im Zusammenhang mit dem holotropen Atmen ist noch eine kybernetische Methode[7] bekannt. Hierbei skizziert man in einer Gruppenarbeit zunächst die Problemkreise in kurzen Sätzen, die einem bewusst sind, und die man verändern möchte. Um diese klar zu erkennen, ist das holotrope Atmen ein geeignetes Mittel. Dann werden mit Unterstützung des Therapeuten neue Sätze gebildet, die so formuliert werden, dass ganz neue Verhaltensweisen als schon bestehende Realität dargestellt sind. Sie sollen auf keinen Fall Negationen enthalten wie beispielsweise nicht mehr rauchen zu wollen. In diesem Fall sollte der Satz eher lauten, das Leben frei von Zigaretten zu genießen. Aus der sprachlichen Formulierung wird erkennbar, dass die Atmosphäre des neuen Satzes selbstsicher, zukunftsorientiert und positiv ist, als wäre der Erfolg schon vorhanden. Mehrere Sätze werden nach ihrer Gewichtung in einem geordneten System angeordnet, vergleichbar einer Pyramide. Der wichtigste, zentrale Satz ist die positive eigene Bewertung, die allem voran geht.

Wenn die Pyramide fertig gestellt ist, folgt eine ganz wesentliche Verarbeitung. Jeder Satz wird auf einem anderen Blatt erneut niedergeschrieben, und zwar in persönlicher Form (ich…), in der Form eines anderen (du…) und in neutraler Form (er/sie…), so dass bei zehn vorhandenen Sätzen neunzig Sätze zu schreiben sind. Dafür ist ein halber Tag notwendig, denn für jeden Satz werden schriftlich auf einem andern Blatt Einwände formuliert wie „das kann niemals sein etc.

Wichtig bei dem ganzen Vorgang des Schreibens dieser Sätze und Notierens von Einwänden ist das intensive Gefühl, mit dem der Vorgang verbunden ist. Man schreibt nicht einfach, man spricht aus tiefster Seele, was jedem leicht gelingt, der etwas verändern will.

Die Blätter mit den Einwänden werden anschließend rituell so gründlich wie möglich vernichtet. Die Wirkung ist phänomenal. Zusätzlich wird der Inhalt der Sätze durch Erstellen einer Collage künstlerisch verarbeitet, die der Gruppe anschließend kommentiert vorgestellt wird. Dadurch ist man weiterhin intensiv mit den neuen, positiven Sätzen in Kontakt. Die Wirkung ist recht erheblich, wenn auch alte Verhaltensstrukturen damit nicht dauerhaft zu löschen sind, selbst wenn die Sätze anschließend noch vertont werden.

Musiktherapie

Ähnlich dem holotropen Atmen kann das rationale Bewusstsein auch durch Klänge von archaischen Instrumenten wie Trommel, Ocean Drum, Gong, indische Sruti, Monochord Didgeridoo u.a.[37] zugunsten eines ganzheitlichen Bewusstseins verändert werden. Die Monotonie durch den immer fast gleichen Klang von Trommel, Ocean Drum, Sruti oder dem Monochord führt einen tranceartiger Zustand herbei, durch den in dem Klienten Bildreihen auftauchen, die zu tiefen Schichten des wenig Bewussten führen. Die Eigenart des in Australien geblasenen Didgeridoo mit den extrem tiefen Klängen, die an tierische Urlaute erinnern, erreicht das Unbewusste in sonst wenig zugänglichen animalischen Regionen. Es ist im Zustand gewisser Hingabe ohne rationales Denken möglich, kleinere oder größere Reisen mit Bildfolgen oder Klangvorstellungen zu erleben, die durch weitere analytische Bearbeitung Aufschluss geben über tief liegende Ängste und Erfahrungen oder sogar auch Lösungen dazu anbieten. Es wird anstelle von rational kaum oder nicht erfassbaren oder längst vergangenen Inhalten ein intensives Erleben möglich, aus dem sich Verständnis auf tieferer Ebene und damit Lösungen ergeben.

Familienstellen

B. Hellinger[8] hat in seinem Buch „Ordnungen der Liebe" gewisse gesetzliche Strukturen für eine Familie veranschaulicht, die bis zu mehreren Generationen reicht. Er hat daraus die inzwischen viel praktizierte Methode des „Familien Stellens" entwickelt, die als ein sehr intensives Verfahren erlebt wird und sehr nachhaltige Wirkung haben kann. Es beruht darauf, dass der Teilnehmer einer Gruppe sein Anliegen vorträgt, dass er klären möchte. Unter therapeutisch geschulter Leitung sucht er die Personen aus der Runde der Gruppe aus, die sein Problem darstellen sollen, inklusive einer Person, die den

Aufstellenden selbst darstellt. Der Teilnehmer ist zunächst Zuschauer dessen, was geschieht. Da es sich meist um gravierende Lebensfragen im Zusammenhang mit Misslingen von Lebensplänen handelt, wird häufig mit Vater und Mutter und Geschwistern begonnen. Faszinierend ist daran, dass offenbar auch infolge einer der Arbeit vorausgehenden Phase der Meditation und dadurch bedingten Konzentration die Darsteller häufig bei der Darstellung der zuvor beschriebenen Situation genau die Symptome aufweisen, die den Familienmitgliedern eigen waren. Die Darsteller werden zudem von dem Teilnehmer im Raum so aufgestellt, wie sie von diesem nach seinem Gefühl emotional zueinander standen: dicht oder in großen Abständen, womöglich ohne Blickkontakt, ohne Beziehung zueinander. Daraus entstehen wiederum Empfindungen des Wohl- oder Unwohlfühlens und von Bedürfnissen, Veränderungen herbeizuführen, bei denen der Therapeut behilflich ist.

Dadurch werden Klärungen möglich, weshalb Lebenssituationen in bestimmte Richtungen verlaufen sind. Am Ende wird mit dem aufstellenden Teilnehmer anstelle des Darstellers eine Lösung erarbeitet. Das Bild der gestellten Familie mit der Lösung hat eine Eigenwirkung, die in der Zukunft intensiv lösend und heilend wirksam werden kann.
Für mich war das Familienstellen am Ende aller Therapieformen die heftigste und hilfreichste aller Methoden, die jedoch allein die anderen niemals ersetzen kann.

Die Methode lässt viele Fragen offen, denn sie ist abhängig von dem, was der Therapeut aus der kurzen Darstellung herausgreift und als Konzept für die Darstellung verwendet. Nicht zuletzt besteht eine erhebliche Problematik darin, dass der Teilnehmer nach dieser Arbeit allein ist, auch wenn telefonischer Kontakt oder im besten Fall ein Einzelgespräch angeboten wird. Mir fehlt die Erfahrung, diese Methode allgemein beurteilen zu können. Ich hatte das Glück, dass die Teilnehmer in meiner Gruppe zahlreiche Fachleute und schon geschulte Personen waren, die mit den Ergebnissen optimal umgehen konnten. Dennoch ist der Ansatz faszinierend, wenn man selbst erfährt, dass völlig fremde Menschen, die man nie zuvor sah, die emotionale Rolle von Vater und Mutter und anderen Verwandten übernehmen können und die Teilnehmer in Kenntnis ähnlicher Situationen intensivstes Mitgefühl, ja intensivste körperliche Reaktionen spüren, als ständen ihre leiblichen Eltern in gerade dieser Situation und in damaligem Alter vor ihnen. Wer es nicht erlebt hat, hält es für unglaublich.

4. Der spirituelle Weg

Die Psychoanalyse ist keine zwingende Voraussetzung für den spirituellen Weg. Die meisten Menschen werden ohne eine solche auskommen. Sie ist allerdings über die eigentliche psychologische Arbeit zur weiteren Entwicklung und Auflösung neurotischer Strukturen hinaus eine höchst sinnvolle Vorbereitung für den spirituellen Weg, weil man unter fachlicher Mitarbeit gelernt hat, nach innen zu hören und feinste Strömungen wahrzunehmen, die üblicherweise gar nicht zugänglich sind. Es werden dadurch Tiefen erreicht, die allein gar nicht zugänglich sind. Tatsächlich folgen viele Menschen, die psychotherapeutische Wege gegangen sind, später auch einem spirituellen Weg.

Alle psychotherapeutischen Methoden lassen zwangsläufig Wünsche und letzte Fragen offen und lassen den ernsthaft suchenden Menschen unbefriedigt zurück. Was ist der Sinn der Existenz, wozu sind wir da, wenn doch keine besondere Intelligenz oder Begabung vorhanden ist, wenn nichts Spektakuläres geleistet wird, wenn keine dauerhafte gegenseitige Liebe das Leben erfüllt, wie es für die allermeisten Menschen Realität ist und vor allem, wenn das Gefühl von Einsamkeit und brüchigem Selbstwert nicht aufzuheben ist? Wie geht man vor allem mit dem Leid und der menschlichen Begrenztheit um, mit der Getrenntheit, mit Krankheit und Tod? Wie ist die Einsamkeit in einer verdinglichten Gesellschaft zu ertragen, die viele Werte über Bord geworfen hat, vor allem den Wert des Menschen als solchem, auch im Alter?

Diese Fragen sind besonders für westlichen Vorstellungen typisch und teilweise auch falsch gestellt, weshalb sie insofern keine Antwort finden. Es fehlt ein Urgrund. Deshalb sagte C. G. Jung, dass jeder Mensch im Grunde eine spirituelle Basis sucht im Sinne von religio als Rückbindung. Es mag durch eine der bekannten Religionen für einzelne

Menschen ein sinnvolles Leben möglich sein. Jeder muss jedoch individuell seinen Weg dabei finden, was nicht ganz einfach ist und langwierig sein kann. Wenn die innere Suche und Sehnsucht intensiv genug ist, findet sich ein Weg dahin. Glücklicherweise haben wir durch die Verkehrstechnik die Möglichkeit, an den Weisheiten des Ostens aktiv partizipieren zu können und sind nicht allein auf das angewiesen, was uns seit 2000 Jahren vermittelt wurde, uns u. U. sogar traumatisiert hat, und ganz sicher auch entstellt und durch Dogmatisierung unlebendig wurde[39]. Interessant ist in diesem Zusammenhang die leicht nachvollziehbare Begründung für die Entstellung von ursprünglichen christlichen Aussagen, dass große Religionsstifter wie Jesus dem Volk aufgrund ihres nicht nachvollziehbaren Bewusstseinszustandes keine klaren Aussagen zu der Essenz ihrer Sicht geben konnten, weil sie für andere Menschen in der ursprünglich erfahrenen Form unverständlich war, und auch in Sprache überhaupt nicht wirklich zu transformieren ist. Es wurden deshalb vergleichende Bilder verwendet, die für unsere rationale Entwicklung heute unbefriedigend sein müssen, und im Lauf der langen Zeit im christlichen Bereich entstellt wurden[36]. Ähnlich ist es mit Texten erleuchteter Menschen wie z.B. Laotse, die nicht für jedermann verständlich sind.

Die spirituellen Suche kann zu einem neuen Sinn für unsere Existenz führen, in dem Sinn nämlich, dass wir selbst Teil des ganzheitlichen Bewusstseins sind, das alle und alles ausmacht und verbindet, wodurch das Gefühl von Einsamkeit und Leid vermindert, durchlässig im letzten aufgehoben wird. Die Leistungsgesellschaft ist allerdings dadurch ad absurdum geführt.

Eigene Betrachtungen dazu

Das Konzept, nur aus dem zu leben was wir wahrnehmen können, Individualität, Materielles, Leistung, Konsum war für mich bei Betrachtung von einem Moment zum anderen nach der Psychoanalyse nicht mehr vertretbar. Es müsste noch etwas anderes für den Menschen geben, woraus er tragfähig lebt, vor allem in Anbetracht des Todes. So entstand die tiefe Überzeugung, dass es solches gibt, und es suchen zu wollen. Wir können es nicht in der äußeren Welt finden, nicht bei einem anderen Menschen, denn er ist ebenso begrenzt wie wir selbst, nicht bei einer Religion mit dogmatischem und vor allem dualistischem Prinzip, sondern nur in uns selbst[1].

Voraussetzung für den spirituellen Weg

Der Kopf steckt in des Tigers Rachen und es gibt kein Entrinnen, der Suche nach letztem Sinn und nach Überwinden von Leid auszuweichen, meint Ramesh Balsekar, ein indischer Weiser aus Bombay, der in Deutschland einmal jährlich spirituelle Seminare (*satsang*) in Schermau, einem Gut bei Landshut abhielt. Solche Suche stellt keine Aufgabe dar, keine Leistung oder Fleißarbeit, es ist auch kein Weg, der mit dem Verstand rational anzustreben wäre. Es geht dabei um eine unausweichliche, treibende Kraft. Man braucht dafür nicht unbedingt einen Lehrer, wie sich bei Ramana Maharshi oder Eckhart Tolle gezeigt hat, doch die meisten Menschen benötigen einen solchen. Das plötzliche Erwachen ist wohl eine Ausnahme und soll gar nicht so vorteilhaft sein, wie sich das die Suchenden vorstellen. Meist ist es ein langer Weg, weil die Angst vor Verlust der Eigenständigkeit die größte Barriere darstellt. Doch schon auf diesem Weg gibt es eine erhebliche Minderung von Leid[33].

Welchen Lehrer man dafür wählt, hängt von mehreren Faktoren ab, vor allem vom Zugang zu dessen Persönlichkeit und auch von der Art der Übermittlung der Inhalte und ihrer Praktik. Es scheint gerade dabei auch keine Zufälle zu geben, und es ist auch möglich, sich an mehreren Lehrern einer Richtung zu orientieren. So war Ramesh Balsekar[12] eine interessante Erfahrung, den ich bei der Arbeit mit Henning von der

Osten kennen gelernt hatte. Bei ihm ist eigenes Zutun nicht notwendig. Allein durch wiederholtes Hören der von ihm vermittelten Advaita-Vedanta Lehre geschieht die Veränderung. Diese Lehre geht auf Shankara im 6. jahrhundert nach Christus zurück. Sie wurde durch den Inder Venkata-Raman, als erleuchteter Weiser unter dem Namen Sri Ramana Maharshi bekannt, in einem heftigen Todeserlebnis schon mit 16 Jahren erneut erfahren. Er hat als Folge davon nur im Tempel und in Höhlen am heiligen Berg Arunachala in Tiruvannamalai, Südindien gelebt, und hat sich in tiefer Versenkung diesem Wissen weit möglichst angenähert und es realisiert. Für uns ist es von großem Vorteil, dass er erst 1950 starb, und dass es dokumentierte und von ihm selbst kontrollierte Berichte über seine Aussagen gibt und sogar ein Stummfilm existiert, durch den man ihn lebendig erfahren kann. Man sieht darin, dass er höchst wach ist mit immer geöffneten Augen ohne Lidschlag. Sein Wirkungsbereich ist zu einem Ashram ausgebaut mit Tempeln, Meditationszentrum und Schlafplätzen. Dort werden täglich Andachten abgehalten und bedürftige Menschen mit einer warmen Mahlzeit versorgt. Eine eigene Buchhandlung bietet seine Bücher an, die von seinen Schülern verfasst wurden.

Nach seiner Erkenntnis ist die Quelle des Lebens und der ganzen Welt das Bewusstsein, *brahman* oder *atman*, was unserer Vorstellung vom Göttlichen entspricht. Es findet sich in jedem Menschen selbst, und zwar in der tiefsten Stille. Wir sind alle ein Teil dieses Bewusstseins, das durch uns handelt, weshalb wir in letzter Konsequenz nicht verantwortlich sind, dennoch verantwortlich handeln.

Es gibt viele Menschen, die durch die Meditation eine wesentliche Annäherung an den Urgrund des Bewusstseins erfahren. Lehrer sind dafür bevorzugt in Indien zu finden, inzwischen aber auch in USA und Europa. Ich war realistisch genug zu wissen, dass solches Finden nicht einfach sein würde. Den Einstieg bot die „spirituelle Reise nach

Südindien" mit der Reisegesellschaft „Neue Wege", die mir eine Physiotherapeutin empfohlen hatte. Darin lag also auch der Sinn einer schweren Schultererkrankung, durch die ich sie und damit den Lehrer Sukumar kennen lernte.

Möglichkeiten des Weges

Es gibt nicht nur einen Weg. Es hätte statt einer Reise nach Indien auch in Europa Zentren gegeben, in denen man fündig werden kann. Indien ist riesig. Aber es hat eine große Weisheitstradition, und man muss sich dort nicht schämen, solche Wege zu suchen. Hinzu kommt die Atmosphäre, die in Indien überall und in sämtlichen Bereichen des Lebens vermittelt, dass sehr vieles gleichzeitig möglich ist, was sich im Westen ausschlösse. Der Westen ist von Aristoteles geprägt: Es gibt Licht oder Dunkel, der Osten scheint wie Heraklit zu denken: es gibt hell und dunkel gleichzeitig. Es ist das so völlig andere, dass eine Transformation des Denkens leichter möglich macht. In Indien ist tatsächlich absolut alles anders als im Westen – so kann man viel leichter völlig neu beginnen.

Das Seminarhaus am Rande des tropischen Urwalds in dem kleinen Dorf Samse im Staat Karnataka leitet Sukumar Shetty, und er ist für viele Menschen aus Europa ein Lehrer. Sein deutscher Schüler, Eberhard Bärr, hatte die Reise in Indien mit der Reisegesellschaft „Neue Wege" geleitet und so verstand ich erst viel später, als ich voll von der Weisheit überzeugt war, dass mich ja schon der Lehrer in Chennai am Flughafen abgeholt hatte. Das hätte ich mir vor dieser Reise nicht träumen lassen. Schon Ramesh Balsekar hatte gesagt, dass man seinen Lehrer nicht sucht, sondern findet. Er steht vor einem, ehe man es weiß.

Advaita-Vedanta Weisheit

Sukumar[13] ist kein Guru, er ist Yogalehrer aufgrund eigener Suche und leidvoller Erfahrungen. Er vermittelt in seiner Yogahalle die Weisheit, die im Lauf längeren Hörens und Fragens zu einem widerspruchsfreien geistigen und vor allem praktikablen Gebäude wird. Sie verlangt keinen Glauben, wenn auch das Vertrauen in einen überzeugenden Menschen eine wesentliche Grundlage ist, die in der ersten Phase der Zweifel durchzuhalten hilft. Das Vertrauen entsteht durch das Vorleben, durch die Demut und den Mangel an Ego, das er vermittelt. Er verhält sich darin eindeutig und klar, um niemanden von sich abhängig zu machen. Es gibt bei ihm kein klassisches Lehrer-Schüler-Verhältnis. Er zeigt nur als Katalysator den Weg zum SELBST. Dieser Weg besteht aus der täglichen Beschäftigung mit der Weisheit und aus Meditation verbunden mit Tiefenentspannung. Nach einer längeren Lebensphase ist so viel Erfahrung mit dem Leid des alltäglichen Lebens vorhanden, ohne das es offensichtlich überhaupt nichts gibt, dass die Bereitschaft zu dessen Überwindung ein überzeugendes Ziel ist. Eine neue Definition von Intelligenz lernt man dort kennen, nämlich intelligent ist, wer das Leid überwindet! Schwierigkeiten treten bei Menschen auf, die im christlichen Denken verwurzelt sind. Sie können bei Meister Eckhart entsprechende Gedanken finden.

Während Psychologen keine Antworten auf letzte Fragen haben, eröffnet diese Weisheit eine neue Welt, die grenzenlos zu sein scheint und dabei hilft, das Leben spielerisch zu sehen sowie mit weniger Leid und mit letzten Fragen leben zu lernen. Sie vermittelt zunehmend eine stabile Basis für den eigenen Wert und für das Verständnis des ganzen Weltgeschehens, so dass man sich darin nicht mehr verloren fühlt.

Die Weisheit stammt aus den Veden[41], den sehr alten indischen heiligen Hymnen, speziell aus dem Ende der vedischen Texte, die ausschließlich spirituellen Charakter haben: Bhagavadgita und Aschtavakragita sowie den Upanishaden und den Texten von Ramana Maharshi „Upadesa saram" und „Saddarsanam". Diese Texte sind nicht religiös d.h. sie vermitteln keine Glaubenssätze, sondern sie sind spirituell, also jenseits von Ratio, Sinnen und Vorstellung. Es geht auch in der Praxis darum, das Wissen nicht rational verstehen, beweisen und erklären zu wollen. Es wird nur durch die Erfahrung verstanden.

Faszinierend ist, dass alle spirituellen Weisheiten aller Religionen zur gleichen Essenz führen, sei es seitens der Sufis, seitens Meister Eckhart, der Kabbalah oder der Buddhisten. Und faszinierend ist auch, dass immer mehr Menschen durch spezielle Erfahrungen zu diesem Weg auf vielerlei Weise gelangen wie z.B. auch Mario Mantese[26] durch ein längeres Koma. Diese Essenz hilft, unsere Begrenztheit anzuerkennen mit der Akzeptanz all dessen was ist. Das bedeutet Unangenehmes und Schlechtes ebenso wie Angenehmes und Schönes ohne Wertung zu akzeptieren! Zwar hat die Psychoanalyse am Ende auch zu dieser Aussage geführt, doch ohne den Boden, den die Spiritualität bereithält. Der Boden ist das alles durchdringende Bewusstsein, das Sinn und Verbundenheit mit dem vermittelt, was uns umgibt, Pflanzen, Tiere, Menschen, die gesamte Natur mit dem Kosmos, das in uns und durch uns und alle Lebewesen wirksam ist. Es ist eine unerklärbare Kraft, die nicht mit Sinnen und Intellekt erfassbar ist. ES ist jenseits von Vorstellung.

Nach dieser Weisheit gibt es kein individuelles Ich sondern nur SEIN. Die wichtigste Beschäftigung ist deshalb, sich mit dem Ich unserer Vorstellung auseinanderzusetzen. Wer bin ich wirklich?

Die Vorstellung ist hilfreich, dass speziell begabte Menschen, Künstler wie z.B. Mozart und viele weniger große Genies ihre Begabung nicht selbst geschaffen haben. Wir alle haben das, was wir bewältigt haben, nicht aufgrund unserer eigenen Leistung verstandesmäßig zuwege gebracht, sondern aufgrund einer Kraft, die wir nicht erfassen können. So waren die Zufallsketten bis zu meinem Weg nach Indien nicht meine ichhafte „Leistung". Erfolge der Psychoanalyse sind wohl beschreibbar, jedoch nicht wissenschaftlich zwingend zu begründen oder zukunftsorientiert als sicher vorauszusagen. Es gibt genügend Therapeuten, die sich auf diese Kraft stützen. So entwickeln die Schüler dieser Weisheitslehre zunehmend volles Vertrauen zu der Kraft, von der man sich tragen lässt und aufgrund deren das Vertrauen in die Zukunft möglich wird. Sie ist der wichtigste und bisher einzige Weg, mangelndes Selbstwertgefühl zu überwinden. Der Begriff „Gott" sollte in diesem Zusammenhang nicht benutzt werden, weil er nicht nur abgegriffen ist, sondern zu unrealistischen Vorstellungen eines menschenähnlichen Allmachtswesens führt, das zwangsläufig mit falschen Vorstellungen verknüpft ist. Darin liegt auch die Ursache dafür, dass die Frage der Theodizee bis heute nicht gelöst ist, die Frage, warum Gott das Leid zulässt, wenn er allmächtig und liebevoll ist. Die Frage ist falsch gestellt und auch das entsprechende Gottesbild ist nicht tragfähig, weshalb es keine Antwort geben kann. Gott ist keine Person oder gar liebende Mutter, die alles für das Kind tut. Es ist eine Kraft, die auch zerstört, wie die Inder es sehr realistisch durch ihre als Götter dargestellten Aspekte beschreiben: Brahman ist das Erschaffende, Vishnu das Bleibende, Shiva das Vergehende. Shiva zerstört auch Illusionen zum Wohl des Menschen. Nicht umsonst hat Peter Schellenbaum[11] als ehemaliger Priester und Psychotherapeut vorgeschlagen, das Wort Gott gar nicht mehr zu gebrauchen. Es ist in der uns im Westen anerzogenen Konditionierung nicht unbedingt hilfreich und hat gewiss mit dazu geführt, dass sich viele Menschen aus dem religiösen Bereich verabschiedet haben. Denkt man an die ungeheure Kraft, die sich unseren noch so heftigen Bemühungen um Veränderung und Verbesserung in der Welt entgegenstellt, wird deutlich, dass nicht wir bestimmen und die Welt „erschaffen". Uns bleibt nur Demut und Hingabe, um in innerer Freiheit glücklich sein zu können. Andernfalls müssen wir an dem Kampf zwangsläufig zerbrechen, den wir immer verlieren.

Die Veden

Die Weisheit der vedischen heiligen Schriften geht wie die Psychologie davon aus, dass der Mensch durch die Erziehung und Entwicklung zwangsläufig konditioniert ist. Er ist aus rein praktischen Gründen des Umgangs miteinander gezwungen, sein Umfeld und alle Dinge, die er in der Natur sieht und auch selbst geschaffen hat, mit Begriffen zu versehen. Dadurch erfahren wir z.B. den Baum nicht mehr frei von solchen Begriffen wie Blätter, Duft, grün. Ständig ist unser Kopf ein Filter zwischen uns und dem, was wir erleben. Selten gelingt es uns, diesen Filter zu überlisten. Üblicherweise scheint das den meisten nicht einmal bewusst zu sein, sonst würden sich mehr Menschen darum Gedanken machen.

Ich erlebte einen wunderschönen Tag in strahlender Sonne im Schnee. Ich ging in den Wald hinein und an einem Bach entlang, an dessen Ufer Büsche wuchsen, die mit wunderschönen Schneekristallen bewachsen waren. Das Rauschen des Baches untermalte die strahlende Atmosphäre. Ich blieb stehen mit dem Wunsch, dieses paradiesisch schöne Naturschauspiel intensiv aufzunehmen. Mir wurde bewusst, dass der Verstand mit dem, was ihn offensichtlich dauernd beschäftigte – und es gibt immer etwas, ob man will oder nicht – es nicht ermöglichte, eine Einheit mit dieser Natur durch absolute Stille des Verstandes zu erleben. Ich ahne nur, dass es überwältigend schön sein müsste, ohne den trennenden Verstand diese strahlende Schönheit zu erfahren.
Ramesh Balsekar unterscheidet deshalb thinking mind von working mind. Letzterer ist wirklich notwendig, wenn wir arbeiten, planen und etwas zustande bringen müssen. Thinking mind ist vieles, was unnötigerweise durch den Kopf geht. Auch wenn in der Psychoanalyse damit viel gearbeitet wird und nicht nur in diesem Kontext viel Sinn darin liegt, ist sie sich bewusst, dass solches Vielerlei der Denkvorgänge niemals in vollem Umfang erklärbar ist. Aus spiritueller Sicht wird es

verständlich: Der Verstand repräsentiert das Ego, das ständig aktiv ist und den Stillstand fürchtet. Deshalb ist die völlige Stille des Verstandes, wenn sie denn gnadenvoll längerfristig eintritt, der Tod des Ego. So erklären es diejenigen, die es erfahren haben. Aus solchem Erleben heraus verliert sich auch die Angst vor dem Tod, so erklären die Weisen. Der Körper stirbt, aber nicht das Bewusstsein als solches.

Jede Weisheit und Weltanschauung lässt sich daran messen, ob sie auf die Fragen um den Tod Antworten geben kann, die es ermöglichen, ihm mit weniger Angst zu begegnen, vielleicht sogar als zum Leben gehörend und selbstverständlich anzunehmen. Unsere westliche Denkweise der Leistung und Individualität klammert ihn einfach aus, indem Fragen nicht erst gestellt werden. Der Tod soll möglichst im Verborgenen bleiben und ist als Gesprächsthema unerwünscht. Im Westen ist mit zunehmendem Alter auch eine zunehmende Verhaftung an Dinge, Menschen und Tätigkeiten zu sehen, die das Sterben, also Loslassen von allem, sehr schwer und leidvoll macht.

In Indien geht man offen damit um. Schon die Verbrennung an den Ghats, den Verbrennungsplätzen, ist für jedermann zugänglich und beeindruckt, weil das Vergehen des Körpers erlebbar wird. Die Betrachter am gegenüberliegenden Ufer beispielsweise in Pasupatinath in Nepal, einem Heiligtum mit einem Hospiz für die Sterbenden und mit vielen Verbrennungsplätzen, sind nicht Schaulustige, sondern Menschen, auch buddhistische Mönche, die das Geschehen auf sich einwirken lassen wollen, um dem Mysterium des Todes näher zu kommen.

Wir suchen eigentlich immer das Dauerhafte im Vergänglichen, in der Illusion, es überlisten zu können. Für die Sicherheit setzen wir viel ein, auch wenn diese so trügerisch ist wie für den Menschen, der auf einem Krokodil einen Fluss überquert, das jederzeit zuschnappen kann. Wir können uns nicht vorstellen, dass wir auf die Nähe zu einem geliebten oder geschätzten Menschen verzichten müssen, dass wir selbst irgendwann nicht mehr da sind, dass es etwas für uns wichtiges nicht mehr gibt. Wir möchten alles festhalten und schaffen damit Leid. Denn Bleiben ist nirgends, sagt Rilke[27].

Tatsächlich gibt es im gesamten Weltgeschehen einschließlich der Planeten nur Entstehen, Bestehen und Vergehen! Und das in ständigem Wechsel. So ist auch das Wohlbefinden einem ständigem auf und ab unterworfen, weshalb es kein dauerhaftes Glück geben kann. Wir bemühen uns üblicherweise, im äußeren Umfeld nach Verbesserungen zu suchen. Die Technik gaukelt uns vor, wir könnten die Natur immer mehr beherrschen, alles sei machbar. Doch ein Erdbeben, eine Flutkatastrophe, Veränderung des Klimas oder andere große Katastrophen wie Krieg zeigen, dass der Mensch so klein bleibt wie er immer war, und dem Naturgesetz von Werden und Vergehen unterworfen bleibt.

Wie gehen wir mit der Vergänglichkeit sinnvoll um?

Meditation

Von außen kommt uns keine Hilfe. Wir können Beständigkeit, Frieden, Fröhlichkeit, Gelassenheit, Vertrauen nur in uns selbst finden. Hören wir intensiv in uns hinein, ist da – wenn wir seelisch gesund sind – ein großer Raum von Stille, Kraft und Licht, der sich im Lauf des Lebens überhaupt nicht verändert hat, nicht altert. Als Kind hat es sich ebenso angefühlt, das Bewusstsein, wie in späteren Jahren. Aus ihm steigen Fragen und auch Antworten auf, wenn wir gelernt haben, darauf zu warten und zu hören. Dieser Raum wird uns während der Meditation bewusst, er wird weiter, vertrauter und ist der wärmende Mantel um uns, wenn wir im Trubel der äußeren Welt unseren Aufgaben nachgehen. Er schafft Distanz zu unserem Umfeld, so dass wir uns nicht vom Geschehen absorbieren lassen, sondern bei uns bleiben können in der Gelassenheit, der Haltung des gehen Lassens. Die Meditation

soll kein Refugium gegenüber der Welt werden, in dem allein man
sich sicher fühlt. Sie stellt Endpunkt und Beginn aller Aktivitäten dar.
Die darin gefundene Erfahrung wird auf den äußeren Lebensbereich
zunehmend übertragen. Es entwickelt sich dadurch auch immer mehr
Achtsamkeit.

Wenn wir beobachtend den Zweck unseres Handelns untersuchen,
lässt sich feststellen, dass wir eigentlich alles tun, um uns wohler als
zuvor zu fühlen. Wir arbeiten für den Lebensunterhalt, damit es uns
gut geht, wir verbessern unsere körperliche Situation, die gerade unangenehm gewordene Sitzhaltung, die unbequem gewordene Kleidung,
um uns gut zu fühlen und für den Moment nichts zu bedürfen. Jedes
kleinere und größere Bemühen hat dieses Ziel. In der Meditation bemühen wir uns hingegen nicht, wir gehen durch tiefste Stille allmählich zu diesem Punkt, *sattva*, der durch Verbesserung einer Situation
erreicht ist, zur Sättigung nach dem Bemühen, die wir üblicherweise
übergehen.

Ein Beispiel dafür ist die Geschichte vom Wanderer in der Wüste, der
voller Durst zurückkehrt. Er trinkt das Wasser in großen Schlucken
und genießt es, weil es sein durch den Durst bedingtes Unwohlsein
verringert. Wenn er gesättigt ist, kann er zu neuer Aktivität übergehen.
Doch ein wichtiger Punkt wird von uns bei solchem Geschehen immer
übergangen, nämlich die Sättigung. An diesem Punkt haben wir überhaupt kein Bedürfnis und sind zufrieden, weil ein neuer Mangel erst
einmal nicht in Sicht ist. Schauen wir uns unsere Tätigkeiten darauf
ganz genau an, können wir feststellen, dass wir in einem ständigen Auf
und Ab von Mangel und Erfüllung leben, von Unlust und Lust mehr
oder weniger, doch immer in diesem Spannungsfeld. Das Paradies des
stets gleich bleibenden Angenehmen gibt es nicht. Selbst der Schlaf,
der uns als höchst angenehm gilt, ist nach Beendigung nicht endlos
fortzusetzen, sondern es treibt uns, etwas zu tun. So ist auch das Atmen

ein ständiges auf und ab, das am Umkehrpunkt eine kurze Sättigung zeigt, in der das Denken ruht.

Diese Schaltstelle ist der Angelpunkt für die Meditation, um die Stille aus diesem Punkt auszudehnen und nur verbunden zu bleiben mit dem SEIN. Gedanken, die kommen, bleiben unbeachtet, man schaut sie als Beobachter an wie Wolken am Himmel, ohne sich zu involvieren. Das Denken beruhigt sich mit zunehmender Übung und das Loslassen vom Wollen und Wünschen, von Ängsten und unangenehmen Gefühlen wird immer mehr möglich. Doch es gehört auch dazu, Schönes loszulassen, um nicht nur die Rosinen aus dem Kuchen zu picken.

Dadurch entsteht eine grundlegende Distanz zu dem was außen ist, aus deren Warte die Welt weniger aufregend, bedrohlich oder wichtig ist. Es wird zunehmend möglich, in Achtsamkeit und voller Aufmerksamkeit höchst wach und bewusst im Jetzt zu leben.

Höchste Wachheit gehört zu dieser Art von Meditation wesentlich dazu. Dadurch unterscheidet sie sich vom Schlaf, in dem wir mit dem Bewusstsein verbunden sind, ohne es zur Kenntnis nehmen zu können. Wir fühlen uns dadurch nach dem Schlaf sehr wohl. Die Wachheit kann durch Yogaübungen und vor allem durch *pranayama* d.h. intensive Atmung und damit Sauerstoffzufuhr erzeugt werden. Wir fühlen uns dadurch völlig glücklich, ohne weitere Bedürfnisse. Die Pausen zwischen Ein- und Ausatmen sind frei von Gedanken und stellen den Kontakt zum Bewusstsein her, womit sie tiefsten Frieden und Bedürfnislosigkeit beinhalten. Dieser Zustand wäre für den Fall des dauerhaften Befindens als Erleuchtung oder Erwachen zu bezeichnen. Meditation ist jedoch nicht mit einem angenehmen Gefühl zu verwechseln, das beispielsweise durch Musik, gemütliche Stimmung oder Atmosphäre erzeugt wird und zu einem eher tranceartigen, verträumten Zustand führt. Eine schöne Entspannung in der Badewanne mag ihren Sinn haben, hat jedoch mit dem hier vorgestellten Weg nichts zu tun.

Mit der Meditation transformiert sich auch die Haltung des im Westen so dominierenden Leistungsdenkens zu einem Leben, das sich dem SEIN überlassen kann mit all den Wundern, die es dabei zu erfahren gibt[28]. Der bittere Ernst verbunden mit unangenehmer Strenge ist nicht mehr aufrecht zu erhalten, mit dem wir unsere Leistungen, Erwartungen und Ansprüche verfolgt haben. Wir überlassen uns dem Wandel und lassen uns nicht mehr von den Gedanken und Phantasien beherrschen, sondern nutzen den Verstand nur nach Bedarf. Wir beherrschen ihn, nicht dieser uns, ist das Ziel dieses Weges. Dadurch entsteht eine Leichtigkeit, die uns „fliegen" lässt, wie ich es nach vier Wochen in Indien erlebt habe. Ich fühlte nicht mehr das normale Körpergewicht, sondern schien nur noch ein Drittel von dem mit mir zu tragen. Alle Tätigkeiten werden dadurch leicht und auch der Umgang mit Menschen. Der Weg dahin führt auch mit Hilfe tiefer Entspannung des Körpers und über Einschränkungen von äußeren Aktivitäten, indem wir nicht alles tun, was Mode und Zeit uns als Möglichkeiten bieten. Wir werden nicht glücklich durch noch mehr an Aktionen, sondern dadurch, bei uns in der Stille zu sein[28].

Für Menschen des Berufslebens ist der Weg nicht einfach und mit vielen Kompromissen belastet. Dennoch kann das Leben wesentlich leichter werden.

Der Weg zur Erfüllung

In unserer Gesellschaft können wir beobachten, dass viele Aktivitäten gleichzeitig ausgeführt werden, wie lesen neben dem Hören des Radios, telefonieren neben Küchenarbeit oder Zeitung lesen, hören und lesen bei Vorträgen gleichzeitig. Mindestens zwei Tätigkeiten oder möglichst mehr scheint das Leben voll auszunützen. Tatsächlich erfährt man aber – wenn man ehrlich ist – dabei überhaupt nichts, denn es funktioniert nur, wenn man sich nicht oder wenig spürt, nichts fühlt, den Zugang zum SELBST nicht hat, im Extremfall wie eine Maschine arbeitet. Die Folge ist Aggression, weil man am Leben vorbei lebt. Vor dem Tod haben Menschen, die solche Lebenspraktik verfolgen, besonders große Angst, weil er die Unwiederbringlichkeit des eigentlichen Lebens bedeutet.

Es scheint paradox, doch tatsächlich ist Erfüllung nur möglich, wenn man nicht an der Welt hängt, weil das Äußere keine dauerhafte Existenz hat. Es wiederholt sich in ähnlicher Weise alles in einem Auf und Ab, so dass man bei Rückschau sagen kann, es ist immer gleich. Es gibt nur eine Annäherung an erfülltes Leben durch Anerkennen dessen was ist, und der eigenen Intuition ohne Zweifel und Ängste zu folgen. Die Erfahrung daraus lehrt dann, darauf vertrauen zu können. Dadurch können wir in einem entspannten Zustand sein, aus dem heraus alles sehr leicht und zum Besten geschieht. Man kann im Lauf dieser Entwicklung zunehmend Verantwortung abgeben und gelangt zu immer mehr innerer Freiheit. Nur in tiefster Erkenntnis ist die letzte Verantwortung als nicht dem Menschen verfügbar zu sehen.

In den indischen Schriften werden verschieden innere Gefühlszustände im Zusammenhang mit unserer Aktivitäten dargestellt, die für die spirituelle Entwicklung von Bedeutung sind.

Tamas, Rajas, Sattva

Drei Zustände des Befindens *gunas* werden in Advaita-Vedanta beschrieben. *Tamas* ist die dumpfe Trägheit und Schläfrigkeit, besonders in der Hitze Indiens, die nicht in die Meditation gehört. *Rajas* ist das Gegenteil, schnelle Aktivität mit Anspannung und gar Stress, wie sie im Westen zunehmend auch zu mehr Aggression führt. *Sattva* ist der höchst wache Zustand in tiefer Ruhe, den man in der Meditation anstrebt und der durch die Atemtechniken des *pranayama* gefördert wird.

Wer bin ich wirklich?

Neti neti marga (Sanskrit: nicht dies nicht das). Alles was sich verändert, das bin ich nicht. Wovor also habe ich Angst im Tod, wenn ich das alles nicht bin? Die Rolle, die wir üblicherweise übernehmen, ist nicht das, was uns ausmacht. Der Beruf, der Stand in der Familie, die Funktion in irgendwelchen Gruppen bietet uns eine Rolle an, die wir üblicherweise beschreiben, wenn uns jemand fragen sollte, wer wir sind. Sie identifiziert uns jedoch nur nach außen im Zusammenhang mit anderen Menschen und wir spüren, dass die Realität anders ist.

Ein wichtiges Arbeitsmittel in der Psychologie, das man selbst auch gut beobachten kann, ist die Projektion dessen was ich denke. Sie ist auch logisch, denn all unsere Vorstellungen bilden immer nur unsere eigene innere Welt ab, und nur diese sehen wir außen und bei anderen Menschen. Wenn ich also etwas über andere Menschen sage oder sie beurteile, kann ich nur von mir sprechen. Es ist mein Eindruck und der hat nur mit mir zu tun. Was weiß ich vom anderen wirklich, denn ich kann ihn nicht erfühlen, nicht seine Gedanken und Phantasien kennen, allenfalls sehr begrenzt erfassen. Das Bewusstsein darüber kann viel dazu beitragen, das Urteilen über andere Menschen aufzugeben, und damit auch Leid zu verringern. Es macht einen großen Unterschied, ob man mit einem negativen inneren Urteil auf einen Menschen zugeht, oder ob man sich vorher auch dessen positive Qualitäten klar gemacht hat, und dadurch ohne ein inneres Urteil in größerer Freiheit ein vielleicht wichtiges Anliegen besser und erfolgreicher vorträgt. Jeder kann das leicht in einer lohnenden Übung ausprobieren, indem er einen leeren Stuhl vor sich hinstellt und dem imaginären Gegenüber, mit dem er morgen vielleicht schon eine schwierige Besprechung hat, alles sagt, was er an ihm gut findet. Dadurch entsteht eine freundlichere, freiere Atmosphäre, die mehr Spontaneität zulässt. Die oft vorhandenen destruktiven Schwingungen und mit ihnen ungünstigen Reaktionen bleiben aus.

Bei praktizierenden Buddhisten und bei den Yogis führt die Versenkung in der Meditation zu neuen Erkenntnissen über sich selbst, die Welt und alle Sinnfragen einschließlich der Haltung dem Tod gegenüber. Allerdings muss man viel Geduld mitbringen und kann nicht erwarten, dass neues Verständnis nur so vom Himmel purzelt! Es ist verwunderlich, dass so wenige Menschen diesen Weg gehen, der eigentlich der spannendste überhaupt ist, wenn man den Bericht über Tenzin Palmo[28] liest, eine Engländerin, die als erste jahrelang als buddhistische Nonne und Einsiedlerin im Himalaya in einer Höhle lebte. Doch selbst wenn man nicht so weit geht und nur hier regelmäßig meditiert, stellt sich nach längerer Zeit der Geduld eine Glückseligkeit ein, die noch längst nicht das Ende des Weges darstellt.

Wesentlich bei diesem Weg ist das Aufgeben des Ego, das Loslassen von Wünschen und Wollen in Bezug auf das äußere Leben und zwar ohne Absicht und letztlich ohne Ziel. Die Erleuchtung ist zwar immer der Wunsch der Yoga – Schüler, aber man kann nicht zielgerecht darauf hin arbeiten so wie man eine Sprache lernt, durch möglichst viel Üben und Trainieren. Deshalb ist der aus dem Buddhismus stammende und allgemein bekannt gewordene Satz, „der Weg ist das Ziel" trotz scheinbaren Widerspruches so tief sinnvoll. Das Ziel, wenn es denn überhaupt erreicht wird, sollte letztlich auch losgelassen werden, denn es kommt immer plötzlich aus Gnade ohne eigenes Zutun[12].

Loslassen können ist nicht nur eine Gnade, sondern auch Folge von Meditation und dem dabei ständigen Aufgeben der Gedanken und der Rückkehr zur Konzentration auf die Stille, das Hören auf die Frage „wer bin Ich?" oder „wer will dies oder das", im Sinne der Frage, was eigentlich bedeutet das Ich. Inzwischen hat auch die Hirnforschung bestätigt, dass es ein eigenständiges Ich nicht gibt und eigentlich keinen freien Willen, so wie wir das immer glauben. Von solchen illusionären Vorstellungen loszukommen, ist als Folge eines unermüdlichen Weges des Bedenkens und Loslassens erfahrbar, was auch in der Psychoanalyse ein wesentliches Arbeitsmittel ist, ohne in der Praxis expressis verbis benannt zu werden. Tiefe Entspannung in der Meditation oder Yogapraxis erleichtert das Loslassen. Im Detail hat Paul Brunton[31], ein Schüler von Ramana Maharshi, den Weg sehr eingehend beschrieben, wie ihn dieser lehrte. Er zeigt, wie man geduldig mit der in der Stille an sich selbst gerichteten Frage „wer bin ich?" tief in sich hinein lauscht, die Stille erfährt und sensibel wird für einen inneren Raum, aus dem irgendwann Erkenntnisse aufsteigen, die nicht aus dem Rationalen geboren sein können, und die eine tiefe Beglückung auslösen. Die ständige Praxis der Achtsamkeit und des Gewahrseins, des bei sich selbst Bleibens durch Kontakt zum Innersten, durch Achten auf den Atem macht es möglich, nicht heftig auf äußere Reize zu reagieren, sondern gelassen zu werden bzw. es zu bleiben.

In der Yogavasista wird die Geschichte von Janaka erzählt, der seinem Schüler auf dessen Frage nach Übungen zum Erlernen der Achtsamkeit nur schweigend ein Tablett in die Hand gibt, das mit Wasser gefüllt und mit einer brennenden Kerze besetzt ist, das er anlässlich eines Festes bei allen Aktivitäten mit anderen Menschen tragen soll, ohne etwas zu verschütten. Tragen wir innerlich dieses Tablett.

5. UPASANA, das gute Gefühl

Üblicherweise wissen die Menschen nicht, was sie wirklich wollen und suchen, weil sie die Verbindung zur Essenz verloren haben. Deshalb sind sie ständig auf der Suche nach möglicher Erfüllung von Bedürfnissen in irgendeiner Form, wovon es durch den Fortschritt der Technik ständig mehr gibt. Fortschritt wird im Westen inzwischen als Selbstzweck gelebt ohne Frage nach dem Zweck und ohne Frage nach den Folgen, die sich für den Menschen daraus langfristig ergeben. Doch je größer das Verlangen nach etwas wird, umso mehr wird das Wohlbefinden zerstört. So leben wir in ständiger Unwissenheit über die Quelle, die allein Glückseligkeit *ananda* vermittelt, unbegrenzte Freude, Freiheit und Einverständnis, unser natürlichster Zustand. Diesen erfahren wir im Tiefschlaf, den wir jedoch wegen mangelnder Wachheit nicht genießen können. Nur darin gibt es kein Ego mit all seinen Problemen, die erst in der Traumphase auftauchen. Unmittelbar nach dem Erwachen ist das Denken noch nicht aktiv, so dass man versuchen kann, diese Phase reinen SEINS zu verlängern. Dann mag es gelingen, kurz diesen Zustand von höchster Wachheit und fehlendem Denken als Bewusstsein deutlich zu erfahren. Es ist eine wache Ruhe mit minimaler Abhängigkeit und großer Klarheit, die auch als *upasana* (gutes Gefühl)[13] beschrieben wird. Es ist nicht zu verwechseln mit dem sich gut fühlen bei einem Glas Wein in angenehmer Runde oder Entspannung bei angenehmer Musik! Es ist mit einer aktiven Entspannung verbunden, die als spezielle *pranayama* Technik auch allein geübt werden kann und nach deren Praxis die Meditation länger und intensiver möglich ist. Chanten von Mantren und Stimulation durch intensive Yoga-Atmung (*pranayama*) fördert die Wachheit und Vorbereitung der Meditation durch Konzentration.

Meditation ist frei von Nutzen. Nur SEIN leuchtet darin als tiefer Friede und uneingeschränktes Einverständnis, was nicht mit Egoismus zu verwechseln ist, der dem eigenen Nutzen dienen soll. Im Westen ist durch die christliche Erziehung und falsch verstandene Nächstenliebe eine Tradition entstanden, nach der Selbstliebe verwerflich ist. Darin liegt ein Irrtum, da die Liebe zum SELBST der Weg zum ganzen SEIN ist. Der Weg mit Hilfe der Meditation ist das Vertrauen in die Kraft des SEINS und das Loslassen aller Anhaftungen aus Angst letztlich vor dem Tod.

Verstehen entwickelt sich jenseits vom Intellekt durch Einverständnis seiner, nämlich des Intellekts Niederlage vor der Essenz der Weisheit. Für den Intellekt ist Entspannung und Loslassen nicht attraktiv. Deshalb dauert es auch längere Zeit, um zu bemerken, welchen Wert die Meditation hat. Hingabe an das SEIN ist mit Demut und Dankbarkeit verbunden und Verminderung bzw. Verschwinden des Ego.

Das Ego hat mit der Rolle zu tun, die jeder in verschiedener Form übernommen hat. Die einzelnen Probleme eines jeden sind mit dieser Rolle verknüpft. Hat man das verstanden, dann kann durch Loslassen auf dem Weg häufiger Meditation eine große Ge – lassen – heit wachsen. Man wird Zuschauer der inneren und teilweise auch äußeren Vorgänge und dadurch sensibler. Das was von außen kommt, hat keine Kraft über das Grundgefühl, so dass Gleichmut entsteht. Die zwanghaften Tendenzen, auf Situationen zu reagieren, verschwinden. Die Schwere und Last durch all das Bemühen aus dem Intellekt heraus ist Leid *dukkha*, fehlende Leichtigkeit. Es hängt mit der Unfähigkeit zusammen, mit sich allein zu sein.

Gleichmut hat nichts zu tun mit Gleichgültigkeit, die der Abstumpfung nahe steht. Gleichmut bedeutet jedoch auch nicht ein allgemeines laissez faire. Wenn eingreifendes Handeln bei Ungerechtigkeiten z.B. notwendig ist, greift man ein, aber mit Gelassenheit, eventuell auch erst am anderen Tag ohne die spontane Aggression. Die Wirkung des in Ruhe vorgetragenen Protestes hat mehr Gewicht, als wilde Aggression.

Ein gutes Gefühl wird üblicherweise mit einem Grund verbunden. In dieser Weisheit geht es jedoch darum, grundlos in diesem Zustand zu sein. Dafür ist kein Glaube notwendig, wie in einer Religion, sondern einzig das Experiment. Fortschritt auf diesem Weg hängt ab von der Möglichkeit des Loslassens, vom Aufgeben des verhaftet seins mit dieser Welt. Damit im Zusammenhang steht auch die Langsamkeit im Gegensatz zu der heute infolge Technik zunehmend erhöhten Geschwindigkeit, die einen Selbstzweck zu entwickeln scheint. So kann man heute leider Dirigenten beobachtet, die große Musik in so erschreckendem Tempo darbieten, dass Zuhören durch Erfassen im Innern nicht mehr möglich ist. Celebidache als Buddhist und Yogi wusste etwas davon und unterwarf sich nicht solchen Tendenzen. In Indien wird die innere Geschwindigkeit mit Dämonen und Hölle in Verbindung gebracht, während friedvolles Dasein mit Himmel assoziiert wird.

Das Gefühl der scheinbar eigenen Unvollkommenheit wird üblicherweise mit äußeren Dingen oder Leistung, Macht und Wissen aufgefüllt. Man meint, auf diese Weise die Erfüllung zu finden. Tatsächlich wird das Anhaften dadurch aber immer intensiver. Das ursächliche Leid, *mula dukha,* hat gerade darin seine Ursache. Durch Aktivitäten – gemeint sind die inneren – kommt man nicht davon weg. Man kann nur erkennen, dass es eigentlich keinen Mangel gibt. Wir sind vollkommen, so wie wir sind. Jeder ist nur anders. Dieses Anderssein kann nicht durch Leistung überwunden werden, sondern durch Annehmen. Alles verändert sich dadurch, die Sicht von Sinn, Leben und Tod. Man muss nur betrachten, wie wunderbar die Lebewesen mit allem ausgestattet sind. Wir nehmen Gesundheit so selbstverständlich und sehen erst den ganzen Wert der wunderbar aufeinander abgestimmten Funktionen, wenn wir krank sind. Dabei ist es überhaupt ein Wunder, dass es Gesundheit gibt. Wir können bis heute kein Lebewesen herstellen!

Yogapraxis

Der geistige Weg wird durch einen praktischen, körperlichen Anteil ganz wesentlich unterstützt. Das Körperbewusstsein und die dadurch auch zu erzielende Wachheit sind ein wichtiger Teil des Weges. Für den regelmäßig praktizierenden Yogi gibt es folgende Möglichkeiten, die je nach vorhandener Zeit einzeln oder nacheinander kombiniert praktiziert werden können.

Asanas

Es sind Körperübungen, die im Sinne der Entspannung und Befreiung vom ständigen Denken am besten koordiniert mit der Atembewegung ausgeführt werden. Es geht nicht darum, komplizierte Abläufe zu praktizieren, wie sie in vielen Büchern dargestellt sind. Vielmehr wird mit jeder Bewegung synchron im Einklang mit langsamer tiefer Atmung die Denkfunktion beruhigt, und man findet zum ganzheitlichen Bewusstsein, so dass die eventuell anschließende Meditation erleichtert und vertieft wird.

Pranayama

Darunter ist eine Intensiv – Atmung zu verstehen, die durch die Intensität der Sauerstoffzufuhr die Wachheit fördert, die ein wichtiger Aspekt der Yogapraktik ist. Das letzte Ziel des Weges ist sogar völliges Erwachen. Hierfür gibt es verschiedene Möglichkeiten der Ausführung. Zum einen die gleichmäßige sehr tiefe Atmung und zwischendurch für noch stärkere Wachheit eine sehr schnelle Atmung, wobei das Einatmen sehr schnell und die Ausatmung heftig stoßend ausgeführt wird, etwa mit zwanzig bis dreißig intensiven Stößen. Unterstützt werden kann dieser Vorgang durch entsprechend heftige Bewegung der Arme, entweder von oben aus herunterziehend oder seitlich von hinten die Ellbogen nach vorn stoßend.

P.E.T.

Unter dieser Abkürzung verbirgt sich die Pranayama Energization Technique, eine Methode zur Tiefenentspannung, die Sukumar für schwer kranke Klienten in Indien zusammen mit Ärzten in einer Klinik entwickelt hat. Es geht um eine Entspannung, bei der man sehr aktiv und bewusst die Muskulatur in jedem noch so kleinen Bereich nach und nach über den gesamten Körper hinweg entspannt. Wenn man diese Technik erlernt, dauert ihr Ablauf eine ganze Stunde. Die erzielte Entspannung ist dann so tief, dass eine anschließende Meditation sehr lange und intensiv möglich ist, und das zwanghafte Denken zu völliger Ruhe kommt.

Meditation im Detail

Unter dem Begriff der Meditation werden ganz unterschiedliche Praktiken verstanden. Ohne diese einzeln näher darzustellen, ist sie in diesem Zusammenhang nicht primär eine Übung der Konzentration etwa wie im tibetischen Buddhismus, sondern eher ein sich Überlassen im Zustand des *sattva*. Hierin liegt der Kern des Yoga. Sie ist neben dem Entwickeln von Verständnis für die Weisheit die wichtigste aller Übungen. Damit steht sie dem Zen sehr nahe. Wenn im Alltag nicht für alle Möglichkeiten der Yogapraxis Zeit bleibt, ist die Meditation mindestens einmal am Tag unverzichtbar, um den darin erreichbaren Zustand von tiefem Frieden und Gelassenheit im Kontakt mit dem Bewusstsein zu erzielen. Es kann auch als Übung des Gewahrseins betrachtet werden. Diese Erfahrung wirkt sich zunehmend auch im äußeren Bereich aus bzw. bleibt erhalten und verstärkt sich noch, um sich langfristig zu einem dauerhaften Zustand zu entwickeln, aus dem weiteres Wachsen möglich ist. Die größtmögliche innere Freiheit ohne jede Abhängigkeit ist das Ziel, das nicht zu erarbeiten sondern absichtslos durch diesen Weg zu erreichen ist. Völliges Erwachen ist Gnade, die selbst nicht beeinflussbar ist. So gewinnt der Meditierenden eine Basis aus sich selbst heraus, die sich durch kein Anhaften oder Festhalten an irgendetwas oder an jemandem manifestiert. Er gewinnt zunehmend das Gefühl, nicht getrennt zu sein von der übrigen Welt, sondern eine Einheit oder zumindest große Nähe zu dem Bewusstsein anderer Menschen und der übrigen Natur zu spüren. Es wächst die Fähigkeit, sich auf hoher See von den Wellen tragen zu lassen ohne Angst vor dem Untergang, nämlich dem Tod zu haben. Denn sterben kann nach dieser Vorstellung nur das Ego, nicht das Bewusstsein[17]. Das Leben findet immer mehr im Hier und Jetzt mit der Distanz des Beobachters statt.

Beobachten wir genau, dann sehen wir, dass alles, was wir mitteilen, gerade schon geschehen ist, so dass wir durch die Kommunikation üblicherweise in der Vergangenheit leben mit Berichten daraus oder in der Zukunft, beschäftigt mit Planen oder Ängsten. Jedes Erleben ist bei dessen Darstellung niemals unmittelbar zu berichten, sondern nur gerade eben oder später danach. Das lässt sich an einem kleinen Experiment selbst jederzeit feststellen. Leben wir in der Stille des SEINS, dann sind wir mit dem Unmittelbaren verbunden.

Reaktion auf Ärgernisse

Im Alltag reagieren wir oft spontan, wenn auch nicht immer sichtbar, zeigen bzw. fühlen Unwillen und Ärger sofort und folgen damit der Gewaltspirale nach dem Muster wie du mir so ich dir, aus der sich weitere Aggression und letztlich Krieg ergibt. Durch die Meditation gewinnen wir die Möglichkeit, auf solche Spontaneität zu verzichten. Das heißt jedoch überhaupt nicht, den Ärger zu ignorieren oder herunter zu schlucken. Vielmehr soll sich der Yogi darin üben, die aufkommenden Gefühle als Beobachter voll zu erleben, so wie die Gedanken in der Meditation nur zu beobachten, ohne sich einzulassen. Das kann durchaus mehrere Tage und länger dauern und ist überhaupt nicht einfach. Erst wenn sich die Wogen geglättet haben, kann man das Gespräch mit dem Betroffenen in ruhiger Atmosphäre sachlich wieder aufnehmen. Es kann dann frei von Aggression geführt werden und dient dem Frieden. Solche Übung gelingt oft nicht, weshalb man auch sich selbst gegenüber Geduld aufbringen soll. Kleine Übungen im Alltag helfen, es auch bei größeren Schwierigkeiten praktizieren zu können. Gelegenheiten gibt es genug.

Die Yogapraxis lässt sich nicht beiläufig betreiben, sondern man muss sie, entsprechend der Psychoanalyse, zum wichtigsten Element des Lebens machen und jederzeit daran bleiben. Auch während der Arbeit, während der sonstigen Freizeit sollte man sich jederzeit innerlich damit beschäftigen, wenn es nur irgend möglich ist. Es sollte die Basis werden, wenn man sich dadurch dem SEIN so weit wie möglich nähern und verbinden will. Die ständige Erfahrung des Loslassens von Vergangenheit und Zukunft, von Wünschen und großen Freuden, vom eigenen Körper und vom Ego, um nur die wichtigsten Kriterien zu nennen, ist der lange Weg dahin. Dadurch entsteht ein intensives Leben aus der Freiheit, Leben im eigentlichen Sinn.

Vielleicht wird das völlige Erwachen irgendwann möglich. Doch auch wenn man sich diesen Vorgang intensiv wünscht, muss man sich bewusst sein, dass damit nicht nur viel Freiheit oder Lachen sondern auch große Angst verbunden sein kann wie bei Suzanne Segal, die von dem Augenblick der Erleuchtung an geistig außerhalb ihres Körpers lebte und z.B. sagte, ich fahre mit dem Auto durch mich durch[32]. Heftige körperliche Schmerzen waren für Jiddu Krishnamurti damit auch verbunden[3]. Deshalb ist es von großem Vorteil, sich langsam zu nähern und Geduld zu üben. Schon auf dem Weg ist die Meditation mit ihrem sanften Glücksgefühl *sat chit ananda*, das auch zwischendurch im Alltag immer wieder auftaucht, eine Abkehr von einem großen Teil des Leids wie Konkurrenz, Leistung, Neid sowie der Vorstellung des Westens, alles in äußeren Bereichen finden zu wollen.

Ist das alles nur brain wash? Sukumar antwortete darauf nach längerer Überlegung bejahend. Doch er sagte, dass auch andere Lebensweisen wie unser Leistungsverhalten nichts anderes ist! Es geht darum, eine Lebensweise zu wählen, die uns sinnvoll erscheint, mit der wir Leben und Tod mit möglichst wenig Leid in Einklang bringen können. Doch man kann auch Menschen erleben, die nur in diesem Bewusstsein leben und Kraft und strahlende Präsenz vermitteln[42].

Eigene Erfahrungen mit diesem Weg

Die Zusammenhänge um die Ursachen von Leid sind derart praxisnah, dass sie leicht einzusehen sind. Deshalb erschien mir der Weg nicht unrealistisch und die ständige Übung des in sich Hineinhörens, das nach einer Psychoanalyse gängige Praxis ist, setzte sich fort mit anderen Inhalten wie den Fragen, was bedeutet Ich eigentlich, wozu dient überhaupt vieles Sprechen, ist das Bewerten notwendig und wozu dient es. Ferner galt es, Ärger und Schmerz nur als Beobachter anzusehen, statt sich darauf einzulassen, eine von der Situation abhängige sehr schwierige Übung. Die tägliche Meditation und regelmäßig sich wiederholende Unterweisungen mit Diskussionen in der Gruppe, *satsang*, sowie entsprechende Literatur helfen dabei, die Vorstellungen der Advaita-Vedanta Weisheit zunehmend zu verinnerlichen. Der Erfolg wuchs insofern merklich, als endlich Gelassenheit zu ernten war, zunehmend mehr Vertrauen entstand und heftige Kritik nicht mehr traf. Diese Erfolge sind ermutigend genug, um den Weg fortzusetzen. Es gelang durch die verminderte Identifikation mit dem Körper, starke physische

Schmerzen und eine schwierige Diagnose klaglos hinzunehmen. Das Gefühl unendlicher Freiheit macht sich oft breit und ermöglicht das Lachen über die eigene Beschränktheit. Das Leben erhält eine kindliche, unbeschwerte Fröhlichkeit. Dennoch meldet sich auch immer wieder das raffinierte Ego, das über den Erfolg stolz sein möchte. Doch die Minderung von Ego führt gerade zu mehr Freiheit.

Bei zeitlicher Betrachtung der Befindlichkeit vor und nach der Psychoanalyse und wiederum nach vier Jahren des spirituellen Weges ist eine Transformation zu sehen, die nicht vorstellbar war. Die Suche ist nicht ganz aber weitgehend beendet, für das Selbstwertgefühl ist eine reale Basis gefunden und das Gefühl, getrennt zu sein sowie grundlegende Ängste sind stark verringert. Daraus darf jedoch keinesfalls abgeleitet werden, dass dieser Weg ein optimaler psychologischer Prozess sei. Spiritualität mit den dargestellten Inhalten ist nicht jedem zugänglich und sollte unabhängig von therapeutischen Zielen sein. Es ist ein Konzept, mit dem es sich wesentlich unbeschwerter und freier leben lässt, das Unabhängigkeit vermittelt, zu tiefem Frieden führt, in letzter Konsequenz zu einem Zustand veränderten Bewusstseins und zur Befreiung. Sobald dieser Zustand erreicht ist, verliert auch das Konzept seine Bedeutung. Wenn es geschieht, tritt es ganz plötzlich ein und ist Gnade, sagen die, die es erfahren durften. Der tiefste Friede ist dann erreicht.

Der dargestellte Weg ist nur der Anfang eines Prozesses, aus dem sich immer weiter Veränderungen ergeben. Dass es sich nicht um eine Theorie handelt, sondern lebendige Praxis ist, zeigt die Erfahrung, das unmittelbare Erwachen eines Menschen miterleben zu dürfen. Dieser sagte mit leuchtend strahlendem Ausdruck, dass er es nicht bewirkt habe, sondern Gnade sei, dass er Musik höre, ohne der Hörende zu sein, sie aus ihm selbst komme, dass er endlos tiefes Fallen erfahre, der Prozess eigentlich unbeschreiblich sei und er in tiefer Dankbarkeit den Sinn des Lebens erkannt habe.

Bhagavadgita: 2. Gesang Zeile 40 in der Fassung Reclam, siehe auch[33]

Dort gibt es keinen Misserfolg,
Es schwindet nie, was je begann.
Ein wenig von der Lehre schon
Befreit von aller Schrecken Bann.

Anhang

6. Advaita-Vedanta in dreiwöchigem *Satsang*, geleitet von Sukumar und Eberhard, Indien 2002

Die Yogahalle des ansehnlichen Seminarhauses im englischen Stil liegt ganz am Rande des Urwaldes im Süden Indiens, und ist von einem großen Garten und von Tee- und Kaffeeplantagen umgeben. Am Morgen hängt im Winter ein dichter Nebel über dem Tal, der sich mit steigender Sonne auflöst und deren Strahlen wunderbare Bilder in den umliegenden Bäumen erzeugen. Die in den Tropen heimischen Vögel singen kräftig und die weißen Blüten des Kaffees, die sich Ende Januar öffnen, duften intensiv nach Jasmin. Die Luft ist frei von Straßenverkehr und deshalb besonders fein wie Seide. Die Atmosphäre dringt auch in die offene Yogahalle, in der alle Teilnehmer auf ihren Meditationskissen sitzen, um Sukumars spontanem, englischen Diskurs zu lauschen, der von Eberhard simultan ins Deutsche übersetzt wird. Beide sitzen nebeneinander, vor sich die Tabla, mit der Sukumar die geistlichen Lieder, *bhajans* und *kirtans,* begleitet, die wir vor und nach dem *satsang* singen. Nach längerer Sammlung beginnt Sukumar spontan zu sprechen:

Es gibt keine Anweisungen, es muss nicht einmal Führung geben, um völlig zu erwachen. Wenn man auf dem falschen Weg ist, merkt man es selbst an den Folgen. Das ermutigt, auch im Sinne von Krishnamurti, sich aus sich selbst heraus zu realisieren. Es sind viele Wege möglich, nicht nur der eine Weg des eventuell vorhandenen Lehrers. Sukumar zeigt das beispielhaft an dem in Indien beliebten Bild eines Seiles, von dem man fürchtet bzw. glaubt, es sei eine Schlange. Es gibt sehr viele Möglichkeiten, mit diesem Bild als Symbol für unreale Vorstellungen umzugehen. Man könnte den Geist zerstören, der das Bild der Schlange projiziert, d.h. den Geist kontrollieren, um einen gedankenlosen Zustand zu erlangen. Das funktioniert jedoch schon deshalb nicht, weil keine Schlange vorhanden ist. Andere sagen, die Schlange sei das Leben und die Welt, die nicht zerstörbar sind. Versuchen sie es dennoch zu tun, ist es nur über den Weg extremer Gewalt möglich, letztendlich durch Suizid, Depression oder Alkohol und Drogen. Der Geist ist nicht zerstörbar, weil derjenige, der den Geist zerstören möchte, selbst der Geist ist. Man muss nichts zerstören, sondern lernen, mit dem Leben umzugehen, so wie es ist. Das Leben ist gut, so wie es ist.

Wir könnten auch lernen, eine positive Einstellung zum Leben zu finden entsprechend der Psychosynthese, bei der jedes einzelne Problem im Hinblick auf seine positive Seite betrachtet wird. Man könnte auch lernen, mit der Schlange zu spielen. Das hilft jedoch nicht grundsätzlich und nicht jederzeit, weil jede Situation anders ist. Alle Philosophien befassen sich nur damit, wie man mit der Schlange umgeht. Der grundsätzliche Fehler dieser Systeme liegt darin, dass die Existenz der Schlange nicht verneint wird.

Die Wahrheit ist, dass es in der Realität als unveränderlicher Konstante keine Schlange gibt, sondern nur deren Erscheinung. Das zu erkennen und zu schätzen ist sehr schwierig, denn es bedeutet, dass auch unsere vorgestellte Realität als Individuum nur eine Erscheinung ist. Ich bin nur ein Produkt meiner eigenen Vorstellung. Meine wirkliche Realität ist die Essenz dessen, was ich eigentlich immer ersehnt habe.

Die Irrealität meiner Individualität zeigen folgende Bilder:
Das Seil und die Schlange symbolisieren etwas, was in der Wirklichkeit vorhanden ist nämlich das Seil, bei dessen Anblick ich mir eine Schlange, eine Angst auslösende Situation vorstelle. Nicht immer sind beide klar zu unterscheiden wie beispielsweise bei einem bevorstehenden

Examen, das bei ausreichender Vorbereitung zu bewältigen ist (Seil), doch durch überlagerte Bilder von extremen Fragestellungen oder von ungenügender Vorbereitung Angst (Schlange) auslöst.

Wenn ein Freund uns verdeutlicht, dass in Wirklichkeit gar keine Schlange da ist, wird man es nicht glauben, sondern den Freund verjagen, weil er nicht im Stande ist, die Schlange ernst zu nehmen. Das Wissen kann man auch nur aus dem Grad der persönlichen Entwicklung heraus schätzen, in dem man sich gerade befindet. Deshalb muss man die Schlange wenigstens einmal als Seil erkennen können. Schon dazu braucht es viel Vorbereitung. Es gehört auch das Verständnis dazu, dass Seil und Schlange überlagert sein bzw. gleichzeitig erscheinen können. Die Erkenntnis, dass die Schlange nur eine unrealistische Vorstellung war und in Wirklichkeit ein Seil ist, bedeutet das Ende des Leids. Diese Möglichkeit ist immer gegeben, weil aus spiritueller Sicht immer nur ein Seil vorhanden ist.

Wir haben die Erscheinung der Schlange immer zugelassen, weil wir uns im Lauf der Entwicklung daran gewöhnt haben, solche Vorstellungen als Realität anzusehen. Die Erscheinung der Schlange ist natürlicherweise im Seil angelegt, doch das Seil ist aus spiritueller Sicht keine Schlange. Wenn das erkannt wird, muss man die Schlange nicht zähmen oder töten.

Advaita-Vedanta lehrt in seiner reinsten Form nicht, wie man mit der Schlange umgeht. Advaita-Vedanta glorifiziert nur das Seil und sagt nicht einmal, dass es eine Schlange gibt. Wenn die Angst vor der Schlange sehr gering ist, z.B. in tiefer Entspannung bei ruhendem Verstand, dann ist man auch vorbereitet, das Glorreiche des Seiles zu schätzen, das als Licht dargestellt wird und sich in Gesängen äußert. Der Verstand mag versuchen, alles in Form von Konzepten und Modellen zu verstehen, wie es meist unsere Art ist. Advaita-Vedanta erläutert das Wissen weitgehend so, als könne man die Wahrheit verstandesmäßig erfassen, doch das ist überhaupt nicht möglich. Durch den ständigen Versuch, die Glorie des Seils zu verstehen, nähert man sich dem Schauen des Seils allmählich an. Die anerzogenen Vorstellungen von der Schlange sind Konditionierungen, die nur langsam verschwinden. Solange wir denken, wir seien derjenige, der sich die Schlange als Realität vorstellt, identifizieren wir uns mit unserem Körper, haben tiefe Angst und ein fehlendes Bewusstsein dafür, die Vorstellung von einem Ich fallen zu lassen. Bei genauer Betrachtung sind wir jedoch nicht ein individuelles Ich, denn wir hatten bei der Geburt keinen Namen und wussten nicht, wer wir sind. Erst die Bereitschaft zur Konditionierung machte die Entwicklung zu einem Individuum im Lauf des Erziehungsprozesses möglich, das in der uns bekannten Form tief in uns verwurzelt ist.

Maya bedeutet so viel wie Täuschung und Illusion. Es gibt keine exakte Übersetzung dafür. Es ist ein Phänomen, das im Feld des Bewusstseins geschehen ist und zwei Aspekte hat:

– Die Wahrheit, wird verschleiert, wodurch wir sie nicht erkennen können, obwohl sie immer vorhanden ist.
– Die Vorstellung von Getrenntheit wird erzeugt und eine individualisierte Bewusstheit entsteht jenseits unseres natürlichen Zustandes, was den Eindruck vermittelt, real zu sein, und von uns als Individualität erfahren wird.

Auf die Frage, warum oder wodurch das so geschehen ist, gibt es keine Antwort, weil die Fähigkeit zu reflektieren immer vorhanden ist. Sie gehört zu diesem Prinzip wie die Eigenschaft des Spiegels zur Reflektion, und erscheint in seiner reinen Form als Selbstbewusstheit – Ich bin – ohne weitere Projektion. Daraus begründet sich die Aussage, dass Gott den Menschen nach seinem Bilde schuf. Diese Reflektion kann nicht intellektuell erfahren, sondern nur bewusst werden, indem das Bewusstsein sich selbst erkennt. In seiner Vollkommenheit ist es ohne Maßstab. Dieses ist die absolute Fülle von Liebe.

In jeder Situation, in der wir Liebe erfahren, ist die Individualität verschwunden wie im traumlosen Tiefschlaf, den man weder als Erfahrung beschreiben kann noch als Abwesenheit von Erfahrungen. Es fehlt das Zeitbewusstsein.

Die Selbstbewusstheit als solche ist die Erfahrung von *ananda,* Glückseligkeit. Sie bedeutet nicht besonders große Freude, sondern ist ganz neutral und wird als Friede, Vollkommenheit ohne Mangel und als ein Zustand völliger Zufriedenheit erfahren, vergleichbar mit der Eigenschaft von Raum. Ein solcher ist nicht positiv oder negativ, auch wenn darin alles geschieht, ohne dass er dafür verantwortlich ist. Dieser Zustand ist aktiv oder potentiell immer vorhanden. Es ist *brahman,* aus Raum kommend und dahin eingehend. Aus der Sicht des Raumes ist innen und außen absolut gleich. Außerhalb des Raumes ist die Reflektion des inneren Raumes grenzenlos, auch als mentaler Raum, der Raum des Geistes oder als persönliche Intelligenz zu bezeichnen. So wie der Mond durch die Reflektion der Sonne sichtbar und verbunden ist, ist der Geist mit *brahman* aktuell verbunden. Der Geist reflektiert sich nochmals und zeigt sich als der äußere Raum. Wenn die Achtsamkeit auf diesen gerichtet ist, wird das Bewusstsein zu dem „Ich bin", wodurch sich die Vorstellung des getrennt seins klar vollzogen hat. Zuvor gab es nur SEIN ohne ein Ich. Die verschiedenen Qualitäten des Ich gehören allerdings zu einem einzigen, gleichen SEIN: *OM.*

Wir glauben als Folge von *maya,* eine eigene Existenz zu haben, obwohl wir Teil des SEINS sind. Es liegt deshalb in unserer Natur, nach etwas zu suchen, das unsere Unvollkommenheit aufhebt. Weil das eigene SELBST vergessen ist, fühlen wir uns mehr oder weniger unwohl. Wir versuchen, es zu ändern und kraft des eigenen Intellekts betreiben wir ein komplexes Spiel, genannt Leben, das sich in tausenderlei Spielen zeigt. Es hat aber nur einen Inhalt, nämlich Wohlbefinden herzustellen bzw. dem Unwohlsein zu entkommen. Hierbei sind alle Menschen gleichwertig. Unterschiedlich ist nur die Art und Weise, in der das

74

Spiel betrieben wird. Ein Alkoholiker bemüht sich darum genauso wie jemand der meditiert. Das Spiel ist in der Regel zwanghaft, und kann im Extremfall hässlich werden. Es gibt immer wieder Sättigungspunkte, an denen man neu beginnt. Das Leben wird dadurch zur Last und bedarf bei einem Übermaß an Leiden der Hilfe. Dadurch entsteht die Bereitschaft, sich diesem Wissen zu öffnen und die falsche Identität zu erkennen.

Es gibt nicht nur die Identität des „Ich bin", sondern viele Rollen, mit denen wir uns identifizieren: Ich bin ein Mensch, ein Mann, ein Erwachsener, eine Person mit speziellen Eigenschaften und Fähigkeiten etc. Durch *maya* ist eine Autohypnose geschehen, die im Namen von Spiritualität rückgängig gemacht werden kann. Dazu wird das gegenteilige Konzept eingesetzt, das nur unter bestimmten Umständen funktionieren kann, nämlich bei achtsamem, gelassenem, entspanntem Geist nach entsprechender Vorbereitung. Andernfalls entspricht das Konzept einem Stein, der durch Wasser weich werden soll. Jemand der in der Außenwelt als einziger Realität völlig verwickelt ist, kann nichts damit anfangen. Für Suchende verdeutlicht es sich in dem Maß, in dem man sich daran erinnert. Ein spiritueller Meister sagte in diesem Zusammenhang „Wer fragt, weiß nicht, wie man es empfängt, und wer es weiß, fragt nicht danach". Empfangen lernen, darum geht es und hierfür so entspannt wie möglich zu sein, damit das Wissen einfließen kann. So ist eigentlich auch die Ausrichtung im Gebet zu verstehen.

Ramana Maharshi hat die Glorie des SELBST in 44 Versen dargestellt[35]. Zunächst stellte er die Frage, ob überhaupt Gedanken in Bezug auf Objekte ohne das Prinzip des SELBST vorhanden sein können, d.h. kann jemand für sich allein völlig unabhängig existieren? Er sagt dazu nein, nichts kann aus sich selbst existieren. Es gibt einen Kern, eine Essenz, als Quelle des Fühlens im Herzen, frei von Gedanken, die nichts mit dem Geist zu tun hat. Sie verbleibt als Fülle. Man kann sich an diese unmessbare Existenz durch eins werden erinnern, wenn man sich dieser völligen Entspanntheit des guten Gefühls bewusst wird.

Ramana Maharshis Lehren sind unmittelbar und verdeutlichen, dass Individualität gar nicht existiert, womit er Advaita-Vedanta in seiner reinsten Form lehrt. Freude als solche ist durch nichts konditioniert und begrenzt. Es ist die Fülle des Lebens. Das SELBST drückt sich in seiner ganzen Fülle aus.

Als wir Kinder waren gab es diesen Zustand bereits, den Beginn der Selbstbewusstheit. Die meiste Zeit haben wir spielerisch verbracht, wobei nicht erklärbar ist, was wir eigentlich taten. Wir haben damals das Leben nicht unnötig kompliziert gemacht, und das SELBST drückte sich in seiner Fülle aus. Im Laufe des Entwicklungsprozesses trat der Intellekt zunehmend in Erscheinung, der jedem Spiel einen Namen gab. Sobald sich der Intellekt in den Fluss des fröhlichen Lebens einmischt, indem er etwas anziehend oder abstoßend bewertet, wird er zum Initiator des Spieles und beansprucht dessen Herrschaft, um es zu gewinnen. Dadurch tritt Konkurrenz auf, was die Freude am Spiel zerstört.

Wir können uns an die Kindheit bis zu dem Gedanken an persönlichen Erfolg oder Versagen zurück erinnern. Für die Zeit vorher fehlt die Erinnerung, weil das Leben in der Fülle keine Erinnerung hinterlässt. Erinnerungen bestehen diesbezüglich nur über halb gelebte Momente des Lebens, was halben Momenten des Todes entspricht. Daher haben wir den Wunsch nach vollkommenem Leben. Leben und Sterben gehören zusammen, sind vermischt. Wer das Leben voll auslebt, stirbt gleichzeitig in jedem Moment. Solch ein Mensch hat keine Angst. Alle Angst wurzelt in der Unvollkommenheit, weshalb man sich an den Dingen festhält. Das Festhalten und Zusammenziehen zur Verengung ist ein Instinkt, der auch bei jedem Tier zu beobachten ist. Wir halten uns an Menschen und Objekten im äußeren Raum fest in dem Glauben, dadurch Sicherheit zu haben. Je mehr Besitz unser eigen ist, umso sicherer fühlen wir uns. Deshalb sammeln wir so viel an und hängen daran mit zunehmender Intensität. Wir sind dadurch immer mehr verhaftet, und verstärken so die Angst vor Verlust. Daraus entsteht aber zunehmend Leid.

Irgendwann haben wir so viel, dass wir nach unseren konditionierten Vorstellungen wirklich nur glücklich sein könnten, gesund, talentiert, mit Freunden und in schöner Umgebung und mit vollem Programm für die nächsten Jahre. So bringen wir alles in einen Zeitrahmen und legen es fest. Das Gefühl von Unsicherheit aber ist nicht überwindbar, weil es ein Gesetz ist, das alles bestimmt, das Gesetz der Unsicherheit, die alles jederzeit und ohne Vorwarnung verändern kann. Vor diesem Gesetz versuchen wir ständig zu flüchten.

Aus spiritueller Sicht sehen wir, was wir falsch machen. Je mehr wir uns absichern, umso größer wird die Unsicherheit. Der reichste Mann der Welt ist nicht der glücklichste. Je größer der Komfort wird, umso verletzlicher sind wir. Alles ist irgendwann so verengt, dass man sich nicht freuen kann.

Das Leben an sich hat eine grenzenlose Anpassungsfähigkeit. Indische Kinder können in Lärm und Staub noch am Straßenrand schlafen. Wir leben in unserer eigenen Dummheit, die wir als Intelligenz darstellen möchten, denn wir leiden durch diese Dummheit. Der eigentliche Zweck und die Wahrheit des Lebens ist vollkommen vergessen, weshalb das Kämpfen aufkam, obwohl das Spiel des Lebens von selbst abläuft. Wir nehmen das Spiel persönlich in die Hand, obwohl es viel zu groß für uns ist. Daher ist es schwer geworden und eine Last. Wir bemühen uns, es wieder leichter zu machen z.B. mit all der Technik, doch wir verfangen uns zunehmend darin mit der Angst, die zwischen der Hochgeschwindigkeit hin und her pendelt. Geschwindigkeit und Unruhe ist der Ausfluss dieser Angst.

Der Intellekt will nur eines, nämlich schöne Momente wieder erleben, bei denen er allerdings abwesend ist! Man weiß nur, dass es schön war, erinnert sich jedoch nur an das Erleben ohne es erneut durchleben zu können. Denn das Gefühl für die Schönheit kommt erst später, nach der Erfahrung. Der nährende Faktor ist nur in ganz extrem kurzer Zeit vorhanden. Dann fließt das Leben in seiner Fülle, physisch und mental. Der Intellekt ist das am meisten gerissene Phänomen, denn er schafft Probleme aus sich selbst heraus, ohne die er nicht existieren kann. Er hat Angst davor, wenn das nicht so geschieht, denn es bedeutet seinen Tod. Dennoch mag man dieses paradoxe Spiel vom Verlust des Intellekts, den man gleichzeitig fürchtet. So haben wir Angst vor dem, was wir am meisten lieben, worin das größte Rätsel des Lebens liegt. Was man sich wünscht als Ergebnis von dem was man tut, ist auch das, wovor man Angst hat. Eigentlich lieben wir ja nicht unsere Individualität als solche, sondern nur das, was sie angenehm macht.

Geliebt wird tatsächlich das SELBST, wenn es das Ich nicht mehr gibt. Ein indisches Symbol macht es durch das Bild einer Schlange deutlich, die die andere frisst, das größte Rätsel des Lebens. In sich selbst sterben durch Aufgeben und Zurückgehen zur eigenen Quelle, nicht zu einem Gott oder Herrscher, sondern zum eigenen SELBST, zur Unsterblichkeit im Sinne der Veden. Dazu gehört Mut und wegen der Furcht davor, ist es nicht zu leisten. Alle Ängste wurzeln in dieser einen Angst. Diese Angst zu überwinden ist nur möglich, indem man willentlich und freudig dahin geht, wovor man Angst hat und aufgibt. Das geschieht in unerklärbarer Weise, und der Intellekt kommt als erleuchtet daraus hervor, bereichert mit allen Gesetzen der Natur, mit Dankbarkeit, Demut, Wertschätzung, Verstehen und Schönheit. Er lernt, wie es ist zu sein. Es gibt dann keine Todesangst mehr.

Das einzig verlässliche Prinzip des Lebens ist, sich der Unsterblichkeit des SEINS zu überlassen. Es ist immer vorhanden, andernfalls wäre das Leben keine Sekunde möglich. Wir selbst sind niemand, existieren nicht allein. In diesem Wissen können wir das Ego aufgeben, die Angst vor dem Nichts durch Hingabe an das nicht Erfassbare, an die Quelle des SEINS. Nichts sonst ist verlässlich. Aber wir glauben, dass andere Dinge oder Menschen verlässlich seien, nach denen wir immer wieder suchen.

Fortsetzung durch Eberhard Bärr in Vertretung von Sukumar für einen Tag:

Advaita-Vedanta Weisheit ist kein Philosophiesystem, sie verneint nicht die Welt und will nichts beweisen. Es geht nur darum, von der Last, der Ernsthaftigkeit, Schwere und Abhängigkeit befreit zu werden. Mit diesem Wissen wird aufgezeigt, warum es zu einer solchen Haltung gekommen ist, damit man sich daraus befreien kann. Es wird nicht auf der persönlichen Ebene dargestellt, sondern als allgemeines Konzept, das für jeden gültig ist, und den Sinn der Existenz überhaupt ausmacht.

Ich kann mit mir allein nicht friedlich sein, wenn ich in Ruhe bin, sobald irgendetwas von innen heraus mich stört. Doch wenn mir nichts wichtig ist, kann mich auch nichts stören! Es kann mich nur etwas beeinflussen, wenn ich diesem zuvor die Kraft dazu verliehen habe, und es begehrend oder ablehnend bewerte. Üblicherweise ist man durch Bewertung positiv oder negativ in seinem Geist verhaftet.

Dazu gibt es folgende Geschichte: Ein Mönch kommt mit seinem Schüler an einen Fluss, an dem eine Frau steht, die nicht schwimmen kann, aber über den Fluss gelangen möchte. Der Mönch trägt die Frau über den Fluss und geht mit dem Schüler weiter. Dieser entrüstet sich darüber, dass der Mönch trotz seines Zölibats die Frau angefasst hat. Da sagt der Mönch zum Schüler, ich habe die Frau hinter dem Fluss abgesetzt, aber du trägst sie noch weiter in deinem Kopf.

Verhaftung hat nichts mit der Handlung zu tun, sondern ausnahmslos nur mit den Motivationen und vor allem ihrer Intensität. Daraus bestimmen sich Abhängigkeit und Verlust an Freiheit. Von außen hat nämlich etwas nur die Macht, mich zu beeinflussen, wenn ich ihm die Kraft dazu gebe. Beklagt wird sich aber über den äußeren Einfluss. Advaita-Vedanta zeigt, dass alles nur mein eigenes Spiel ist bestehend aus Ablehnung, Verlangen und dem Bemühen sowie der Geschäftigkeit, die Welt in meinem Sinn zu verbessern. Aschtavakra sagt dazu in der Schrift[33], wie viele Leben hast du schon hart gearbeitet, um solches Ziel zu erreichen, das durch Arbeit nicht erreichbar ist. Ruh dich heute endlich aus. Je mehr Entspanntheit man entwickeln kann, umso mehr gelingt es, dieses Spiel aufzugeben.

Warum wird mir etwas wichtig? Ich fühle meine Unvollkommenheit, fühle mich deshalb nicht wohl und versuche den Zustand von außen durch etwas aufzufüllen. Außen bedeutet dabei nicht die Hautgrenze, sondern all das, was ich an Vorstellungen aufgebaut habe einschließlich der Spiritualität und deren Lehrern, all das, was mir wichtig ist und womit ich mich identifiziere. Dadurch bin ich verletzbar und habe zusätzlich noch alte Verletzungen. Wenn jemand z.B. meinen Lehrer angreift, bin ich verletzt, weil ich mich mit ihm als gutem Lehrer identifiziere. So ist es mit der nobelsten Idee. Auch an Büchern kann man sich festhalten, auch wenn sie nur ein Mittel dazu sind.

Wer keine persönlichen Aspekte in sich aufbaut, ist unbesiegbar. Wenn ich mich ärgere bedeutet es, dass ich mich festgehalten habe und mich lösen muss. Wenn ich mich nicht an dem Lehrer festhalte, bedeutet er emotional nicht persönlich für mich sehr viel, sondern nur das von ihm vermittelte Wissen als solches. Die Erwartungshaltung entfällt, und ich bekomme von allem das Beste, wenn ich nichts festhalte. Das gilt auch für die Partnerschaft.

Der Intellekt baut allerdings Gegenargumente auf, nämlich die Vorstellungen von Verlust. In der Praxis erfahre ich, dass die völlige Entspannung in der Meditation nur Wohlbefinden mit sich bringt. Erst wenn Unruhe und Geschwindigkeit zunehmen, kommt das Gefühl

80

von Verlust durch die Aktivität des Intellekts auf. Mit zunehmender Praxis der Meditation und der Kenntnis von diesem Wissen wird die Abhängigkeit geringer. Man braucht die Personen und Dinge immer weniger einschließlich der erwünschten Erleuchtung, die man ggf. gegen sonstige Ziele austauscht. Das bedeutet aber nicht, sich zu isolieren oder isolieren zu sollen.

Die Wahrheit ist, alles ist so gut, wie es ist, und die Welt muss nicht geändert werden. Demnach gibt es kein Ziel in der Zukunft, das es anzustreben gilt, um dann perfekt zu sein. Loslassen von Anhaftung ist deshalb immer nur im Jetzt sinnvoll. Die Vorstellung von Perfektionismus macht überhaupt keinen Sinn, wenn es auch das größte Problem des Westens ist. Er macht den Stolz über unseren Intellekt aus, ohne realisierbar zu sein. Das Absolute ist unerreichbar für die manifestierte Welt. Es dennoch anzustreben ist so sinnlos wie der Versuch, das Fließen eines Flusses festzuhalten.

Was ist zu tun? Ist überhaupt noch etwas tun, wenn alles so gut ist, wie es ist? Wenn man an diesem Punkt stehen bleibt, darf man sich allerdings nicht beklagen. Es geht nicht darum, jemanden zu überzeugen oder Recht zu haben. Es geht nur darum, sich das alles bewusst zu machen und Achtsamkeit zu entwickeln, statt mit üblicher Logik um Rechthaben zu streiten. Advaita-Vedanta vermittelt das Potential der Freiheit, sich von der konditionierten Denkweise zu lösen und vermittelt die vollständige Freiheit, nicht zu leiden. Ob jemand davon Gebrauch machen kann, liegt an jedem einzelnen selbst. Durch zunehmend intensive Beschäftigung damit und Verinnerlichung, durch das Wissen davon und mit Meditation und Entspannung, kann man diese Freiheit immer mehr nutzen. Die Geschwindigkeit, sich nach außen auszurichten, bestimmt das Maß der Freiheit. Heftigkeit basiert auf Hilflosigkeit, keine Wahl zu haben. Ihr Auftreten wird durch Meditation vermindert. In der Ruhe gewinnt man die Wahl zurück, wenn man die Dinge nicht so wichtig nimmt. Langsam zunehmend wird man nicht mehr so heftig und intensiv reagieren und kommt aus einem Tief schneller wieder heraus. Negative Emotionen helfen niemandem, weder sich selbst noch anderen.

Loslassen ist nicht einfach „machbar", sondern geschieht durch das Verständnis und entspringt einem entspannten Zustand. Es geht eigentlich um die Entscheidung, ob man glücklich sein oder Recht haben will. Es ist die Wahl zwischen Intelligenz und Weisheit. Letztlich geht es darum, das Bedürfnis loszulassen, von anderen anerkannt oder geliebt zu werden. Im äußeren Feld gibt es keine Lösung. Jeder Versuch, andere zu ändern oder ihnen die Weisheit zu vermitteln, bedeutet, die Welt verändern zu wollen, was unmöglich ist. Jeder kann nur an sich selbst damit arbeiten oder es anderen vermitteln, wenn danach gefragt wird. Es geht um das Vertrauen, dass sich alles zum besten entwickelt, wenn ich mich nur darum kümmere, mit Hilfe dieses Wissens besser mit dem Leben umgehen zu können. Die Intuition, das lebendige SEIN kümmert sich um alles. Es wird einfacher und leichter. Es gibt auch keine äußere Meßlatte für den Entwicklungsstand, außer zu sehen, ob uns noch irgendetwas stört. Mit der höchsten Weisheit ist erkennbar, dass es keine Probleme gibt. Das höchste, was wir ersehnen, ist in aller Fülle bereits in uns und muss nicht außen gesucht werden.

Fortsetzung des *satsang* durch Sukumar

Die Unfähigkeit, mit sich allein zu sein, ist die ursächliche Unwissenheit, die durch den Intellekt bedingt ist. Er verwickelt sich in die verschiedenen Spiele des Lebens und betreibt sie im Lauf der Entwicklung zunehmend. Da der natürliche Zustand so einfach ist, dass es gar nichts zu erkennen gibt, beginnt das kleine Kind mit der Zeit, Probleme zu erschaffen. Es verwickelt sich darin, statt dem Spiel nur zuzuschauen. Der Intellekt spielt das Spiel und wird immer komplizierter, weil es erregender ist, statt spielerisch. Kämpfe beginnen und Abhängigkeiten entstehen. Beschwerden darüber ändern nichts. Wir sind stattdessen vom Wert und Ernst des „Spieles" überzeugt. Wir können uns nicht einmal vorstellen, ohne „Spiel" zu sein, halten es sogar für ein unabdingliches Wertesystem, einschließlich aller Religionen und Philosophiesysteme, deren Grundlage ein solches Wertesystem ist. Es geht uns üblicherweise deshalb nur noch darum, wie man das Spiel verbessern kann.

In dieser spirituellen Weisheit ist die Vision der Wahrheit vorhanden mit dem Wissen darüber, wie man zurück zum SELBST findet. Aus eigener Unwissenheit suchen wir normalerweise in der äußeren Welt den Sinn. Erst wenn man durch große Schwierigkeiten des Lebens geht, und von ihnen erdrückt wird, kann man auf diesem Weg zum ursprünglichen Zustand zurückkommen, von dem man ausging, und kann man die Wahrheit in einem besonderem Geschehen erkennen. Es scheint ein Naturgesetz zu sein, dass man diesen Weg gehen muss, nämlich aus dem natürlichen Zustand heraus zu fallen, und mit den Problemen und dem Leid des Lebens vollständig konfrontiert zu werden, bis man zurück „nach Hause" kommt. Wie viel Leid notwendig ist, um in die richtige Richtung zu schauen, hängt von der individuellen Unwissenheit ab. Man kann niemanden mit Gewalt oder durch jemand anderen zur Erkenntnis bringen. Dies kann nur aus sich selbst heraus geschehen. Der „Lehrer", der das Wissen weitergibt, sieht, dass bei seinem „Schüler" eigentlich nichts zu korrigieren ist, der Schüler selbst erkennt das jedoch nicht. Der Prozess des Erkennens ist das Gegenteil von dem, was bisher erlernt wurde. Denn was einem weltlichen Menschen real erscheint, ist unreal für einen Spirituellen und umgekehrt. So schätzt ein spirituell eingestellter Mensch das, wovor ein weltlich denkender Mensch Angst hat. Für den spirituellen Menschen ist jeder Schicksalsschlag oder Verlust ein Segen in Verkleidung und er heißt ihn willkommen und bereut nichts. Jede Niederlage bringt uns näher zu uns selbst, es sei denn, wir kämpfen dagegen. Während der Kampf dagegen aggressiv macht, wirkt das Akzeptieren dessen was ist erleichternd. Da unsere Überzeugung üblicherweise nicht in die Richtung dieser Weisheit ausgerichtet ist, dauert es sehr lange, bis wir uns ihr nähern.

Hinzu kommt ein Widerstand gegen solches Wissen. Man glaubt, es verstanden zu haben, hat es aber nicht vollständig erfasst, weil der Intellekt uns in gerissener Weise daran hindert. Einerseits will er das Leid nicht, möchte daraus entkommen, aber andererseits will er auch das Spiel weiter aufrechterhalten. Vor diesem Hintergrund hört er zwar der Weisheit zu, doch so, dass Unakzeptables herausgefiltert wird. Zweifel tauchen auf, wenn sich die Weisheit dem weniger annehmbaren nähert. Leidvoll ist der Weg zu diesem Wissen nur durch Widerstand, andernfalls muss er nicht leidvoll sein. Wann immer Fragen auftauchen und Zweifel, ist das ein gutes Zeichen dafür, dass das Wissen einen neuralgischen Punkt berührt hat. Solche Fragen dürfen nicht unterdrückt werden, da sich durch ihre Klärung die Konditionierung auflösen kann. Niemand von uns kann sich unkonditioniert diesem Wissen aussetzen. Es erscheint uns durch die Beschäftigung mit ihm zunehmend klarer. Man erkennt es daran, dass man in allen Unterweisungen zunehmend nur eine einzige sieht, eine Wahrheit. Es ist das Ende des Verstehens im Rationalen und der Beginn von ganzheitlichem Wissen, das durch den Verständnisprozess geschieht. Man lernt es schätzen und fühlt sich dadurch sehr friedvoll.

Das Wissen ist in sich logisch, man kann es weder ablehnen noch einfach annehmen. Es erschüttert die bisherigen Vorstellungen und Werte, wodurch übergangsweise Unruhe entsteht, eventuell auch Depressionen auftauchen oder Verunsicherung eintritt. Wenn man einmal damit konfrontiert ist – sozusagen eine Initiation dafür erfahren hat – kann man es nicht mehr aufhalten, weil es mehr Kraft hat, als die konditionierten, Leid verursachenden Vorstellungen. Das Wissen zeigt sich daran, dass man sich „zu Hause" sieht. Es ist notwendig, die Kanäle dafür in sich zu öffnen und der Wahrheit Einlass zu ermöglichen, wobei die eigenen Grenzen nicht übersprungen werden können. Versucht man auf kämpferische Weise mehr davon zu gewinnen, wird das Wissen unzugänglicher. Man muss davon immer wieder neu erfahren.

Die Veden unterscheiden klar zwischen erlernbarem Wissen und Wissen im Sinn von Weisheit. Diese zu erkennen geschieht mit Lachen über die eigene Dummheit. Das Leben wird leichter durch die neue Sichtweise. Es gibt verschiedene Stadien, in denen die Klarheit wächst und sich über Jahre stabilisiert. Es ist nicht eine Klarheit, die kommt und wieder geht. Es gibt Menschen, die sich jahrelang damit befassen aber immer noch das Gegenteil davon tun, denn es ist nicht erzwingbar. Das Wissen ist dafür aber nicht verantwortlich. Wir sollen uns auch nicht anklagen, wenn wir nach alten Mustern handeln und dadurch Konflikte erschaffen, sondern das Versagen leicht nehmen.

Die Advaita-Vedanta Weisheit beinhaltet nicht den Glauben, dass man immer besser werden kann, also sich existentiell steigert, sondern stellt nur zweierlei dar:
    die Unwissenheit dessen, was Leid bedeutet und
    das Leben, das aus dem Überwinden von Leid resultiert.

Leben ist der kontinuierliche Prozess, den Frieden wieder zu finden. Solange kein Leidensdruck vorhanden ist, fehlt die Motivation zur Suche danach. Das mangelnde Wissen über die eigene Realität bedeutet Unwissenheit, denn in der Realität existiert das Ich nicht. Die Realität muss sich nicht selbst kennen, sie ist selbst leuchtend. Die Natur dieses Wissens ist für den, der es erfährt, ein unfassbarer glückseliger Zustand von „ich weiß nicht", vergleichbar mit dem Zustand des Schlafes, lediglich ohne die Notwendigkeit, darüber etwas zu wissen. Mit Realisation oder Erkennen ist deshalb gemeint, dass man es nicht rational wissen kann. Es ist jenseits von Erfahrungen, nicht mehr mit

Sinnen, Geist, Intellekt oder Körper erfassbar, denn diese sterben, wenn sie sich diesem Zustand nähern. Das klingt hoffnungslos und soll nur heißen, dass man es nicht über rationale Wege kennen lernen kann. Was bedeutet Erleuchtung, Realisation oder Erkenntnis? Die Veden vermitteln darüber folgendes: Wissen ist das Verschwinden der Unwissenheit. Es geht nicht darum, dass die Unwissenheit verschwinden muss, damit Erkenntnis eintritt und man ansonsten unverändert wie vorher bleibt. Das „Ich bin" ist selbst als solches die Ursache der Unwissenheit. Wenn das Ich verschwindet leuchtet das SELBST, *atman* in seiner ganzen Fülle. Es ist eigentlich nicht beschreibbar. Das Ich hat eine eigene Identität angenommen, das durch Leid geht und versucht, seine Quelle zu finden, in der es verschwinden könnte. Das ursprüngliche ICH – Prinzip ist genauso perfekt und ewig wie das SELBST, bevor es sich mit etwas anderem identifizieren kann. Dieses ICH in seinem natürlichsten Zustand kennt sich selbst in einmaliger Art und Weise. Es ist reine Selbstbewusstheit ohne Inhalte, im Buddhismus Leere, in Advaita-Vedanta Fülle, weil es an nichts fehlt. *Chit* ist das leuchtende Prinzip, das allem Licht gibt, dessen Inhalte *chitta,* sind Bewegungen. Ein Kleinkind sieht vor jeglicher Kenntnis von Namen und Form nur Bewegung, mit dem sein Ich in Berührung kommt. Mit zunehmendem Alter verwickelt es sich, und sein Geist wird konditioniert durch die Namengebung für Formen und durch die Ausbildung von Rollen für sein Verhalten, wodurch sich das großartige Bewegungsfeld in ihm verengt. Durch weitere Details nimmt dieser Prozess zu.

Das Prinzip, das alles erscheinen lässt, das SELBST, *chit,* ist ähnlich einem Spiegel mit dem Unterschied, dass der Spiegel aus fester Materie besteht, *chit* aber nur als solches spiegelartig reflektiert, ohne selbst feste Materie zu sein. Der Spiegel lässt sich von seiner materiellen Struktur nicht trennen, wie auch Licht nicht von Feuer trennbar ist. Er reflektiert alles, was vor ihm erscheint. Die Reflektion und das Reflektierte finden in sich selbst und aus sich selbst statt, ohne Ursache. Ursache und Wirkung sind also in der Spiegelung gleichzeitig aus der eigenen Vorstellungskraft heraus enthalten. Die Reflektion geschieht aus der Vorstellung heraus, und wenn sie konkret wird, dann wird sie real. Das kann man nachprüfen, indem man einen Menschen in Hypnose versetzt. Die vom Hypnotiseur angebotene Vorstellung erscheint in dem veränderten Bewusstseinszustand zweifelsfrei völlig real. Entsprechend leben wir in ständiger Hypnose, die von selbst im Lauf der Entwicklung eintritt: *maya*, sozusagen Selbsthypnose. Angenommen ein Spiegel verliert seine Natur der Reflektion, und beginnt, sich der eigenen Reflektion und des damit verbundenen Geschehens bewusst zu werden, ist das der Beginn von Leid.

Die Frage nach der Realität der Welt stellt sich nur deshalb, weil man die Probleme im äußeren Bereich sieht, und sich von diesem Bereich abhängig macht. Ein solches Konzept aber versklavt uns, und wir fürchten unsere eigenen Reflektionen. Wie kann man jemanden heilen, der vor seinem eigenen Schatten Angst hat? Je ernster man an diesem Konzept festhält, umso schlimmer ist die Wirkung, weil nichts mehr genießbar ist. Wenn jemand gern singt, freut er sich daran. Sobald er es vorführen soll, ist der Genuss dahin für Ausführenden und Zuhörer, weil die Absicht (intention – in tension – in Spannung) dahinter steht, gut zu sein[40]. So sind wir in der eigenen Vorstellung verfangen. Yoga will uns von den Inhalten des Geistes befreien.

Die Weisheit von Advaita-Vedanta besteht darin, dass nicht die Inhalte des Geistes das Problem darstellen, da die Reflektion zum Spiegel dazu gehört, und durch Achtsamkeit das Jetzt zu realisieren ist[19]. Sobald uns der Raum des Geistes bewusst wird, sind keine Inhalte mehr vorhanden. Damit ist Erleuchtung oder Realisation beschrieben, nämlich den Raum zu sehen, statt dessen Inhalte. Unsere Identität, die mit den Inhalten verbunden war, zieht sich dann zurück und wird zum Raum. Wir sehen, dass der Inhalt in uns ist, in uns geschieht, aber dass wir nicht der Inhalt sind. Dadurch verschwindet die Unwissenheit, die Wurzel von Leid. Statt der Angst einflößenden Schlange sieht man nun, dass es nur ein Seil ist, und kann über seine Dummheit lachen. Die Vorstellung kann sich jederzeit wieder ändern, aber man weiß nach einer solchen Erfahrung von Realisation, dass es nur ein Erscheinen „als ob" ist und nicht die Realität. Die Ursachen von Leid werden erkannt, man geht nicht mehr mit dem Leid um. *Saddarsanam* bedeutet zu sehen, wie es ist. Krishnamurti spricht auch in allen seinen Texten unabhängig von den verschiedenen Inhalten im Wesentlichen über ein unkonditioniertes Wahrnehmen. Realisation bedeutet zu sehen, dass alles nur das Produkt des Geistes ist. Anders kann nichts aufrechterhalten werden. So kann man lernen, dem Äußeren weniger Bedeutung zuzumessen, loszulassen, andernfalls ändert sich nichts[35]. Was unseren Geist von der Welt durch alle fünf Sinne erreicht, ist schließlich durch diese beschränkt. Aber wir halten es für real und befassen uns entsprechend damit.

Durch die Relativitätstheorie und die weiterführende Quantenphysik ist bestätigt, dass die Vorstellung der Realität nicht die Realität ist, weil diese von dem Wahrnehmenden abhängig ist. Ein Spatz, eine Ameise, eine Schmetterling, jeder sieht die Welt völlig anders. Real ist nur der Wahrnehmende.

Realität im Sinne von Advaita-Vedanta ist nur das, was ewig ist und keiner Veränderung unterliegt. Der Wahrnehmende ist das Prinzip der unveränderbaren Realität, worin sich das Phänomen der Veränderung reflektiert. Diese Realität ist das „Jetzt" als Ausdruck der Zeit unter den beiden Aspekten von Ewigkeit und Unveränderbarkeit. Alles kommt und geht im Jetzt, auch die Zukunft ist im Jetzt und die Vergangenheit wird vom Jetzt aufrechterhalten. So wie Ramana Maharshi darüber spricht, wird es auch im Zen Buddhismus betrachtet.
Die Sinneseindrücke werden im Geist als Ergebnis der einfließenden

Stimuli erschaffen. Die Sinnesorgane unterliegen der Kontrolle des Geistes, weshalb die Natur der ganzen Welt der Geist ist. Der Unterschied zwischen Intellekt und Intelligenz ist, das jener lernen kann, aufzugeben, diese glückselig in ihrer eigenen Quelle ruht, ohne die Notwendigkeit, diesen Zustand zu verlassen. Das Unheil des Intellekts, verursacht durch die eigene Unwissenheit, kommt durch Intelligenz zu seinem Ende und verbleibt als reines Bewusstsein, das potentiell die ganze Welt einschließt, und zwar in einer unmanifestierten Form, die aus sich selbst heraus leuchtet. Diesen Zustand nennt man *turiya*, ein Zustand jenseits von Wachen, Traum und Tiefschlaf, in dem alles leuchtet. Es ist jenes Licht, das die Gnade vermittelt, sich selbst ertragen zu können. Alles was ich tue, ist ein Versuch, von diesem Licht eine größere Reflektion zu erhalten. Das Ich ist die persönliche Bewusstheit mit einem größeren Umfang, entsprechend der ersten Reflektion, die den Intellekt ausmacht. In seiner reinsten Form ist dieses ICH glückselig und vollkommen, ebenso die individualisierte Bewusstheit, der es an nichts fehlt. *Turiya* ist unpersönliche Bewusstheit – das bin ICH. Man identifiziert sich in diesem Zustand nur mit der Glückseligkeit, es gibt keine Vorstellungen, kein Denken oder Konzept. Es ist auch das unterstützende Prinzip für die Individualität in seiner reinsten Form und so perfekt wie das Absolute selbst. Es ist der „erste Körper" des Individuums *ananda maya kosa,* der Körper der Glückseligkeit eines Individuums. In diesem Zustand sind wir im Schlaf.

In diesem Körper entsteht ein gröberer Körper der Identifikation, der Körper der Intelligenz bzw. das Feld des Erkennens und der Information des Bewusstseins. Die Kodierung des Wissens ist auf dieser Ebene noch nicht die Sprache, aber alles Wissen, was gewusst werden kann bis hin zu den feinsten Naturgesetzen und alle Schriften, die aus erleuchtetem Zustand entstanden sind, stammen aus dieser Ebene, *jnana maya kosa.* Es ist das intuitive Wissen, mit dem alles sinnvoll geschieht. Es ist die große Kraft einer Intelligenz, die alles zusammenhält, vom Atom bis zum Kosmos. Alles geschieht ohne Tätigkeit, weshalb es unbegrenzte Intelligenz genannt wird und alles wird ohne Begrenzung von Raum und Zeit gewusst. Auf dieser Ebene finden die großen Entdeckungen statt. So ist das Wissen der Astrologie in Indien lebendig, mit dem man aus den Planeten, ihren Bewegungen und Eigenschaften auf den Geist einer Person schließen kann. Auch Krishnamurti sagte, dass sich das eigentliche Wissen hinter dem Bekannten verbirgt, das totes Wissen darstellt. Deshalb sollten wir uns dem Unbekannten durch Auflösen des Intellekts überlassen.

In Indien gibt es Nadis, das sind Bücher, die als Nachschlagewerk über die ganze Menschheitsgeschichte fungieren sollen. In diesen kann für eine fragende Person eine bestimmte Seite in Verbindung mit einem bestimmen Zeitpunkt aufgeschlagen werden, auf der Name der Person, Absicht und Fragen mit den entsprechenden Antworten darauf notiert sind.

Es werden verschiedene Grade des Bewusstseins und des Geistes unterschieden. Der erste und subtilste Körper jenseits des Absoluten, *brahman,* ist der des reinen Bewusstseins, *ananda-maya-kosa,* worauf der Körper der Erkenntnis folgt, *vijnana-maya-kosa,* was auch als Intuition bezeichnet wird und ein Aspekt unserer Identität ist. Der dritte Körper ist Wahrnehmung *mano-maya-kosa,* derjenige Bereich des Geistes, der alle Information als Geist-Körperlichkeit, *nama-rupa,* in konkrete Form bringt. Unsere Vorstellungen entstehen dadurch. Die Intuition verengt sich durch Bilder, Namen und Formen, wodurch unsere Kommunikation im Leben allerdings überhaupt nur möglich wird. Aus der Intuition verbleibt eine restliche Intelligenz, die als Intellekt bezeichnet wird. Dieser braucht ein Instrument, um zu funktionieren *indriya* (Fähigkeiten), nämlich die Sinnesorgane zur Wahrnehmung, ohne die der Intellekt nicht funktionieren kann. Diese Form des Geistes ist *prana-maya-kosa,* die Verbindung des Geistes mit dem Körper, der vitale oder pranische

Körper. In diesem pranischen Feld des Geistes wird Schmerz empfunden und jede Berührung wird durch dieses Energiefeld gespürt. Auch die Wissenschaft weiß heute, dass Materie nur verdichtete Energie ist. Die gröbste Hülle ist nach dieser Vorstellung der Körper *anna-maya-kosa*. In der dargestellten Reihenfolge ist die Abnahme der Bewusstheit von der Glückseligkeit über die Sinnesorgane bis hin zur konkreten Identität mit dem Körper dargestellt, was allerdings nur eine Illusion ist. Wenn man den Körper unendlich in den Raum vergrößern würde, wäre nur Raum sichtbar, da alles nur aus Atomen besteht. Diese sind das Zentrum von Energie, umgeben von Raum. Auch die Milchstraße erscheint wie ein weißer, leuchtender Körper, und wir sind nur ein kleiner Teil davon. Wenn man sie vergrößern könnte, wären riesige Räume zwischen jedem Stern. So ist es auch mit unserem Körper. Wir sind überwiegend Raum bzw. Leere und spüren uns dennoch als Masse, als mein Körper, meine Muskeln und Haut, womit wir einer Illusion unterliegen.

Wir versuchen die vollkommene und bleibende Erfülltheit im Körper zu finden, was niemals gelingen kann. Solange diese Identifizierungen anhalten, haben wir keine Chance, zum Bewusstsein zurück zu finden. Die Identifikation mit dem Körper sollte vergehen, die Identifikation mit den Empfindungen, freudigen wie schmerzhaften, die Identifikation mit Vorstellungen und Konzepten, ja selbst die Identifikation mit der persönlichen Bewusstheit sollte sich auflösen. Körper und Geist sollten durch die Erkenntnis vergehen, dass es sich dabei nicht um die Realität handelt. So wie die Schlange im Seil nur als Erscheinung gesehen wird, *pasita*, so verhält es sich mit der Realität von Körper, Empfinden und Geist, selbst auf der Ebene der Glückseligkeit *ananda-maya-kosa*. Wenn das jemand realisiert, verlagert sich etwas, und es wird auf der Bewusstseinsebene erkannt, dass die bisherige Wahrnehmung irreal war, obwohl sie noch immer vorhanden ist. Nur der Intellekt als Mittler zwischen dem Individuum und dem Absoluten kann dieses Wissen erfassen, wenn er seine Unwissenheit aufgibt und erkennt, was der ursächliche Fehler ist. Dann ist das Rätsel gelöst, ähnlich einer

Geisterbahn, an deren Ende man erst erkennt, wo man sich überhaupt befand.

Für jemanden, der sich diesem Wissen völlig überlassen könnte, wäre es genug, diese Erleuchtung nur einmal zu erleben. Doch infolge der Konditionierung wird es nicht unsere Überzeugung, da wir aus Unwissenheit am Leid festhalten. Wir brauchen deshalb eine lange Zeit, um das Wissen durch oftmals erneutes Hören zu erlangen, indem die alte Konditionierung Schicht für Schicht abgetragen wird, damit der Intellekt aufgibt.

Wenn er aufgibt, wird er mit Wissen gesegnet, aber nicht vorher.

Während Wissenschaft an der objektiven Realität interessiert ist, befasst sich die Spiritualität nur mit der subjektiven Wahrheit, worunter keine psychologische Inhalte zu verstehen sind, deren Wahrheit objektiv ist.

Der Körper, mit dem wir uns identifizieren, hat fünf Dimensionen, die materielle *anna-maya-kosa*, die vital energetische *prana-maya-kosa*, die Vorstellungsebene *mano-maya-kosa*, die intellektuelle *vijnana-maya-kosa* und die glückselige *ananda-maya-kosa* Ebene. Daraus bestimmt sich das Individuum. Der Geist kann nicht ohne den Körper funktionieren. Auch im Traum bestimmt die Vorstellung vom Körper die Realität. Es stellt sich die Frage, was nicht von uns vorgestellt ist. Alles was wir als bewusst ansehen, wird nur von der Vorstellung aufrechterhalten. Andererseits ist die Vorstellung nicht die Realität. Wenn es keinen Unterschied zwischen Vorstellung und Realität gäbe, käme auch keine Verwirrung auf, die durch den Unterschied beider bedingt ist. Die Welt, wie wir sie wahrnehmen, ist abhängig von der fünffachen Individualität. So sind die anderen Menschen nur für mich selbst andere. In der Realität gibt es keine anderen Menschen, denn die Realität ist nicht dual. Sie ist eine nicht duale Bewusstheit, in der all die Konzepte keinen Platz haben.

Wie lässt sich überhaupt etwas aufrechterhalten, wenn nicht die Bewusstheit da wäre, die allem Raum gibt, einschließlich des Körpers. Kann man Individualität fühlen, das „Ich bin", was sich selbst aufrechterhält als der Besitzer dessen, was vor sich geht? Es ist das ursprüngliche Gefühl der Verantwortung für unser Leben. Wenn dieses Gefühl von Selbstverantwortung in der Selbstbewusstheit nicht da wäre, brauchte es sich nicht aufrecht zu erhalten. Wenn es sich aber nicht mehr aufrechterhält, und dennoch des ganzen Spiels bewusst ist und erfährt, was vor sich geht, ist der Zustand des Wissens geschehen. Dieses Aufrechterhalten ist nichts anderes als eine vom Menschen selbst erschaffene Last und nur beim Menschen vorhanden, nicht bei Tieren. Es hat viele Namen wie z.B. Intellekt, eine andere Bezeichnung dafür ist Beschränktheit, Dummheit. Es hält sich durch die Kraft der Arroganz aufrecht, und man erfährt es als Leid, aber tatsächlich ist es Unwissenheit. Die selbst erschaffene Bürde der Individualität beinhaltet, dass wir ein Ziel haben, eine Vision, wonach sich etwas erfüllen müsse und das Leben in unserer Verantwortlichkeit liege, und wir es verbessern müssten.

Ohne es zu wissen, ist jeder ein Narr und will doch nur ein einziges, nämlich dass alles in Ordnung sein sollte, damit man sich völlig wohl fühlt. Das nennt man den ersten Ausdruck der Unwissenheit, denn man hat sich mit dem Zustand konditioniert, in dem alles in Ordnung sein soll, um sich gut zu fühlen. Mit dieser Vorstellung hat man seine Freiheit an die Welt verkauft. Sie ist in uns so tief verwurzelt, dass wir uns nicht vorstellen können, sich völlig in Ordnung zu fühlen ungeachtet dessen, was geschieht. Unser Wohlbefinden ist nach dieser Vorstellung immer mit dem Rest der Dinge verbunden. Nach dem Konzept von Advaita-Vedanta ist jedoch alles letztlich in einem einzigen Phänomen enthalten, nämlich dem Besiegen des persönlichen Intellekts.

Es gibt keinen höheren Plan für das Leben und kein höheres Wesen, das etwas geplant hat. Auf die Frage, ob nicht alles geschehe anstelle des von uns bewirkten, gibt es nur die Antwort, nämlich wem geschieht etwas. Die beste Vorstellung für das Individuum ist zu sehen, dass alles geschieht, jedoch vom Absoluten aus geschieht nicht einmal etwas.

Es sind verschiedene Modelle, um das Aufgeben und Loslassen von der Individualität zu erleichtern. Die Vorstellung einer Vorsehung für das ganze Leben enthebt uns der Verantwortlichkeit, sogar für die eigene Erleuchtung. Alle diese Modelle haben nur den Sinn, sich selbst zu besiegen, um von allem loszulassen. Das Wissen als Mittel gegen die Dummheit ist immer in der Gegenwehr. Gäbe es die Unwissenheit nicht, brauchten wir kein Wissen. Dieses Gegenteilige, das Wissen, kann von der Dummheit nicht geschätzt werden, weil es seine eigene Niederlage bedeutet. Die Individualität kann sich nur durch die Dummheit aufrechterhalten, nicht durch Wissen. Wenn sich die Individualität mit der gleichen Kraft aufrecht erhält wie die Kraft der Weisheit, und meint, mit den eigenen Ideen etwas zu wissen, dann ist das eine Riesen-Dummheit, denn diese Konditionierung ist noch schwieriger aufzugeben. Wie weiß man, ob man in solcher Riesen-Dummheit verfangen ist? Man erkennt es daran, dass man mit dem Wissen in noch größeres Leid hineingeht. Dann hat man nur Information übernommen aber kein Wissen, das selbst nicht einmal zu verstehen ist. Nur sein Einfluss ist spürbar. Es macht den Menschen bescheiden, und lässt ihn spüren, dass er klein ist, doch nicht behaftet mit einem Minderwertigkeitsgefühl aber dennoch schön. Das ist die Folge von Hingabe.

Der erste Ausdruck des unwissenden Ich ist, in die Sklaverei zu kommen, weil man die Freiheit für die Show erkauft hat, die in der Welt abläuft. Die Haltung dabei ist folgende: Solange die ganze Welt nicht in Ordnung ist, kann es mir auch nicht gut gehen. Die ganze Welt soll in Ordnung sein, damit ich mich gut fühle. Doch an dieser Stelle hört die Dummheit noch nicht auf. Diese Konditionierung verkompliziert sich weiter durch die Idee, wie die Welt bis in das kleinste Detail perfekt in Ordnung sein sollte. Angefangen bei meinem eigenen Geist soll alles nur gut sein, angenehm, und nichts Ungewolltes, Störendes soll aufkommen. Auch der Körper sollte perfekt funktionieren und erscheinen, ohne Schmerz und Krankheit, mit Kraft und Vitalität, so dass man alles tun kann, ohne zu ermüden, gut aussieht und von schöner Gestalt ist ohne jegliches Altern. Wenn wir nicht so kompliziert mit dem Körper verbunden wären, warum sollte man gestört sein, wenn der Körper krank ist. Aus unserer eigenen Unwissenheit heraus haben wir völlig anerkannt, dass man leidet, wenn man krank ist. Die Dummheit ist natürlich geworden. Eine Tatsache ist sie nicht, denn sonst wäre das Leiden bei Krankheit eine Notwendigkeit. Gesetzt es gäbe ein Maß für die Intensität von Schmerz, messbar mit einem Gerät, und man hielte den Schmerz konstant, dann wäre das Leid nicht in gleichem Maß konstant. Es geht auf und ab. Wenn plötzlich ein Freund den Kranken besucht, ist das Leid für Momente verschwunden. So ist das Leid mit unserer Verhaftung verbunden. Wir haben eine konkrete, selbst erschaffene Idee, wie alles sein sollte, um sich gut zu fühlen, angefangen bei der Matratze, dem Fußboden, dem Fenster, der Wohnung, den Nachbarn, der Stadt, und dem Partner. Wenn das alles nicht unserem Standard entspricht, geht es uns nicht gut. Die Unwissenheit kann sich nicht selbst ausschalten, sie kann höchstens die Kanäle verändern. Wenn das Wissen einmal als Geschehen einbricht, dann ist man nicht länger unwissend.

In der Spiritualität gibt es zwei Aspekte. Der eine ist das Bedürfnis nach Sicherheit ohne das Auslöschen des Ich, und der andere die Lehre, die vermittelt, wie man verinnerlicht, sich dem Wissen in Graden anzunähern. Solches beinhaltet die Schrift des Yogashastra, der Pfad der Entspanntheit mit den Methoden und Techniken der Meditation. Alle Ansammlungen von Techniken sind nur zu diesem Zweck da. Je entspannter man ist, umso besser geht es einem, doch der Zustand ist nicht von Dauer, weil die ursächliche Unwissenheit bestehen bleibt. Advaita-

Vedanta vermittelt, dass Meditation nur eine Vorbereitung ist, damit das Wissen d.h. der Tod des ICH geschehen bzw. zugelassen werden kann. Advaita-Vedanta beschäftigt sich nur mit dem Auslöschen der Unwissenheit, und erkennt die verschiedenen Phasen des sich besser Fühlens nicht an und kümmert sich nicht um Erfahrungen. Solange jemand den Erfahrungen Bedeutung zumisst, und dem Leben einen großen Stellenwert gibt, kann er das Wissen nicht empfangen.

Trotz allen Leids genießt man auch das Spiel des Lebens. Das ist eine Art intelligenter Dummheit. Dagegen hilft nur, durch ein effizientes Leid hindurchzugehen. Es braucht für den Intellekt viel Mut, um alles loszulassen. Es wird an dem Beispiel deutlich, wie jemand einschläft, der den Schlaf nicht kennt. Man kann ihm erklären dass er nicht mehr wach, nicht mehr da sein wird, aber dass alles in Ordnung ist, alles an seinem Platz bleibt. Die spontane Erfahrung des Einschlafens selbst kann nicht vermittelt werden, nur die Vorbereitung dazu. In diesem Fall ist es das Gegenteil von Schlaf, nämlich Erwachen zum SELBST. Nichts verschwindet, alles bleibt wie vorher, man erkennt nur, dass alles so, wie es ist, gut ist. Die Beschränktheit des Intellekts transzendiert in Wissen. Darin liegt auch der Unterschied zwischen Intellekt und Intelligenz, dem reflektierten Phänomen des Intellekts. Der Mensch funktioniert nach der Erleuchtung genauso wie vor diesem Ereignis mit dem Unterschied, dass er für alles offen und nicht in die Handlung involviert ist. Er sieht, dass die Dinge aufgrund seiner alten Gewohnheiten geschehen, aber er greift nicht willentlich, rational ein. Ramana Maharshi war in diesem Zustand. Er war nicht der alte Körper, wie ihn der Dokumentarfilm und die Bilder zeigen. Er war DAS, das SELBST von jedem von uns, das was wir sind als ewiges Prinzip, als Realität. Dabei ist es der gleiche Intellekt, der sich nach innen richtet, bewusst seines SELBST statt seiner Inhalte. Das ist die Verlagerung, die bei der Erleuchtung geschieht, im Übrigen stirbt niemand, weil da niemand ist. Man hat nie als Individuum gelebt, nie existiert, auch jetzt nicht. Wenn das Erwachen geschieht, geschieht eigentlich nichts. Das ist eine unveränderliche Wahrheit. Sie wird für die Unwissenheit zurechtgebogen, in der wir uns jetzt befinden. Nur das Besiegen des Intellekts ist Wissen, sonst nichts. Das Besiegen der Arroganz geschieht durch das Aufgeben. Das Auslöschen der Unwissenheit ist Erleuchtung und versteckt sich im Prinzip des Intellekts als ewige Möglichkeit eines jeden, da wo sich auch die Unwissenheit versteckt, die Wurzel von allem.

So sagt es Ramana Maharshi in einem Sutra: Das Höchste, was im Herzen als ein immer leuchtendes Prinzip in seiner Fülle ist, diese vollkommene Zufriedenheit, vor der wir Angst haben, die wir aber auch wünschen, dieses Prinzip reflektiert sich im Intellekt und leuchtet in Form von Bewusstheit ohne Selbstbewusstheit, es kennt sich nicht selbst. Das bedeutet nicht Unwissenheit, es ist unerklärbar. Es muss sich selbst nicht kennen, so wie das Licht nicht durch etwas anderes beleuchtet werden muss. Das Prinzip, das sich im Intellekt reflektiert, ist so, als hätte es sich selbst erschaffen, die Quelle der Selbstbewusstheit. Den Intellekt nennt man auch die Vision der Wahrheit, wenn er zu seiner Quelle zurückkommt. Nur dann kann die Wahrheit sich ereignen. Das kann auch mit Gefühlen verbunden sein, indem man in das Fühlen hinein stirbt und zu diesem Gefühl wird. Doch zu fühlen als „ich fühle" ist mit Ego verbunden und nicht damit zu verwechseln. Es ist keine messbare Erfahrung, weshalb niemand es erklären kann. Selbst wenn man es erklären könnte, bliebe es unverständlich. Deshalb ist Verständnis darüber nicht DAS. Verstehen geschieht nur auf einer relativen Ebene. Aber man kann etwas davon aufzeigen und die Wirkung spüren. Wenn man nicht die Wirkung davon spürte, könnte man sich nicht danach sehnen und dadurch kennt man es auch.

Das Wissen und Erkennen geschieht nach Advaita-Vedanta nicht in Graden und es gibt darin keine Unterschiede. Nur das Verstehen und die Minderung der Konditionierung entwickelt sich in Graden, was auch in gewisser Hinsicht als Wissen betrachtet werden kann, auch wenn es vom absoluten Standpunkt keine Bedeutung hat. Es ist ein wachsender Raum zur Bereitschaft für die Weisheit, eine Vorbereitung. Es ist jedoch nicht das Wissen und Erkennen, das die Schriften meinen.

Alles Verlangen ist eigentlich ein spirituelles, weil man immer DAS sucht. Nur die Richtung, in der meist gesucht wird, führt nicht zum Ziel. Es gibt nur eine Suche, auch wenn es unterschiedlich aussieht, weil nicht bekannt ist, was eigentlich gesucht wird. Durch dieses Wissen wird die Suche nicht in die Richtung möglichen Findens gelenkt, sondern setzt dem Suchen ein Ende. Es kann niemals so sein, wie man es möchte oder sich vorstellt. Aber es ist größer, schöner und reicher als unsere beschränkten Vorstellungen davon. Man kann intellektuell nicht vermitteln, was es ist. Die Literatur über Advaita-Vedanta vermittelt Verständnis und zerstört dann dieses immer wieder bis zu völliger Verwirrung, wodurch das Suchen zusammenbrechen kann, weil der Intellekt keine Möglichkeit mehr hat, eine Vorstellung aufzubauen. Er lacht nur über sich selbst, und das kann Erleuchtung sein. Der Widerstand gegen das Wissen versteckt sich in Form von Argumenten, Fragen und Rechtfertigungen. Alles verschwindet, aber das Selbst erst ganz zuletzt. Das eigentliche Wissen ist nicht vorhanden, solange das Ego nicht verschwindet. Es ist wie das Erwachen aus einem Traum, aus dessen Inhalten man insgesamt erwacht, nicht in einzelnen Graden, indem man noch einzelne Inhalte beibehält. Das ist auch die größte Selbstsucht, bei der jedoch für alle und alles Platz ist.

Eine einfache Geschichte soll Klarheit bringen und zeigen, dass es unmöglich ist, die Wahrheit aufzuzeigen: Jemand der noch nie etwas Süßes gegessen hat, für den ist nicht zu beschreiben, was süß ist. Durch Beispiele kann man sich dem Begriff nähern, aber ihn nicht erfassen. Mit dem Wissen verhält es sich wie bei einem Kind, das meint, auf dem Kirmesplatz seine Mutter verloren zu haben und zu weinen beginnt.

Es will zum Trost überhaupt nichts von all den bunten Dingen haben, die es dort gibt, aber es weiß nicht, was es will – letztlich aber will es nur zurück zur Mutter. Real hat aber das Kind die Mutter nie wirklich verloren. Es hat sie nur nicht mehr wahrgenommen und erkennt nicht, dass sein Wohlbefinden aus dieser Wahrnehmung resultiert. Einmal geschehenes Erkennen verliert sich wieder, aber man fällt nicht in den Zustand völligen Unwissens zurück. So verhält es sich mit dem Intellekt und seiner natürlichen Fähigkeit, alles zu manipulieren. Als kleine Kinder haben wir uns um das Äußere der Welt keine Sorgen gemacht. Mit zunehmendem erwachsen werden kann man nicht mehr den natürlichen Zustand des Wohlbefindens aufrechterhalten und manipuliert den mentalen Bereich, was man Spaß nennt. Man verbringt infolge natürlicher Neugierde die Zeit mit der äußeren Welt, vergleichbar dem Internet mit endlos vielen Programmen, doch die eigentliche Basis ist nicht mehr wahrzunehmen. Man hat sich verwickelt und leidet. Leben ist die Abhängigkeit des Intellekts und dessen Sucht, in der man nach dem Verlust der Kontrolle hilflos verstrickt ist. Dadurch entsteht Leid und es wird unangenehm, weil man die Kontrolle verliert. Vedanta und Yoga vermitteln, dass es eine Komponente gibt, die die Fähigkeit der Kontrolle stärkt. Wenn man diese aufbaut, kann man zu der Basis kommen. Je mehr die Fähigkeit wächst, in die verborgene, subtile Dimension des Geistes vorzudringen, umso mehr wächst die Fähigkeit, sich auf das Spiel des Lebens in angenehmer Weise einzulassen, proportional zu der inneren Komponente, nämlich der tiefen wachen und achtsamen Stille. Je größer die innere Ruhe, umso größer ist die Fähigkeit des Intellekts, sich dem Spiel problemlos auszusetzen. Man will das Spiel nur, bis das Wissen im Intellekt immer mehr Raum bekommt, die Ruhe alles ausfüllt und letztlich das Bedürfnis am Spiel aufhört. Bei der Unterhaltung gibt man dennoch alles nach außen ab, in dem man durch Spaß hindurchgeht.

Advaita-Vedanta vermittelt klar, was unter Vergnügen zu verstehen ist, nämlich der Wille, durch das Verlangen das Leid zu vergrößern und es durch eine Handlung wieder fallen zu lassen. Wir nennen diesen Vorgang Genuss, vergleichbar einem Menschen, der durch die Wüste läuft und dadurch seinen Durst vergrößert und damit auch das Leid, und der dann seinen Durst stillt und dabei Genuss erfährt. Es ist ein Spiel mit der eigenen Energie (nach oben springen, nach unten fallen lassen) und ein Ergebnis von Unwissenheit, das zu Abhängigkeit und Sucht führt. Es entsteht ein Zwang, die Energien ständig abzugeben. Wie schön ist es aber, nur mit diesen Energien zu sein, ohne etwas zu tun, ohne sie abzugeben. Im Alter wird das Spiel nur geringer durch Kräftemangel, wenn man mit der Geschwindigkeit von Verlangen und Genüssen nicht mehr nachkommen kann. Dann entsteht Leid und Hilflosigkeit und man sagt, ich kann nicht mehr, dann wird man sich bescheiden müssen. Dabei können Menschen in jeder Richtung auch in Extreme gehen. Manchmal gelingt es sogar, zum Wissen vorzudringen, wie es Buddha oder Ramana Maharshi geschah. Daraus entsteht keine Regel, ins Extreme gehen zu müssen.

Es gibt drei Arten der Rückschau: Wer mit der Unterhaltung nicht weitermachen kann aufgrund Alter, Krankheit oder Armut wird bescheiden und demütig. Doch gäbe es die Möglichkeit, würde man das Spiel weiter betreiben. Solche Menschen sind für das Wissen nicht aufnahmebereit. Sie sind in ihrer Loslösung nur frustriert und beginnen zu hassen, was sie nicht bekommen können z.B. manche Mönche im Zölibat.

Andere Menschen haben die Mittel, zu Extremen zu gehen und mit allen Freiheiten, ein Maximum an Glück zu erreichen. Sie gelangen trotzdem nirgendwohin, da alles in einer Sackgasse endet. Es entsteht eine Losgelöstheit aus der Sättigung. Buddha ging als König durch das Extrem des Reichtums, was kein notwendiger Weg für jeden ist, um die Richtung zu wechseln. Solche Menschen sind für das Wissen besser vorbereitet. Das Loslösen ist wegen des ständigen Konflikts, das andere zu wollen, ein sehr langwieriger Prozess. Aber es wird schöner und angenehmer. Die dritte Art der Menschen geht nicht in Extreme, sondern betrachten die Wege anderer, analysiert, versteht und stellt in frühem Stadium Fragen und lernt, nicht weiter zu gehen. Jemand geht in den Wald der Dämonen, bekämpft sie und kommt zurück oder kennt sie schon von fern, ohne hingehen zu müssen. Solche Menschen können ohne irgendwelche Extreme das Wissen aufnehmen.

Wie ist es für jeden persönlich? Der König Janaka[33] besaß allen Reichtum und konnte in seinem Garten das Gespräch von Engeln wahrnehmen, die sich über die Narrheiten des Lebens unterhalten haben. Nachdem er kurze Zeit zugehört hatte, wunderte er sich, darüber nie nachgedacht zu haben und erkannte sich als Narren: Er erkannte das Großartige des Lebens und sich selbst als Bettler und erfuhr Erleuchtung, weil er die Offenheit und Bereitschaft für das Wissen hatte. Wir kennen für uns den Zeitpunkt nicht. Der Fortschritt hängt vom Grad der Abhängigkeit ab und der Bereitschaft, von der Abhängigkeit loszukommen, andernfalls ist es nur ein schmerzlicher Kampf. Wenn die Bereitschaft noch nicht da ist, sei die Frage gestellt, warum man dafür kämpft. Es ist besser, sich vorzubereiten, so dass man irgendwann bereit ist, loszulassen. Zwei Möglichkeiten gibt es dafür, einmal die Erforschung dieses Wissens und das Fragen, worum es geht und das Erkennen, so dass man das Spiel aufgeben will. Der andere wichtige Aspekt ist die Gesellschaft von Menschen, die sich mit diesem Wissen beschäftigen (*satsang*), wodurch sich die Bereitschaft erhöht, es aufzunehmen. Ein weiser Mensch gibt durch Verstehen völlig auf. Unschön und schmerzhaft ist es, wenn die Aufgabe durch die Situation bedingt ist. Was bedeutet aber Bereitschaft wirklich? Es geht nicht um die Bereitschaft, Dinge aufzugeben. Wenn wir nicht nach Deutschland zurück könnten und den Rest des Lebens in Indien bleiben müssten, dann bestünde Bereitschaft darin, dass wir in uns in der Vorstellung etwas verändern, denn wir sind in der Vorstellung mit allem möglichen verhaftet.

Nur wenn wir bereit sind, aufzugeben, bekommen wir, was wir möchten. Der Intellekt will es jedoch zuerst haben ehe er aufgibt oder Beweise sehen und ist erst dann bereit zur Aufgabe. Aufgeben soll ohne Konditionen sein. Warum sollte man denn überhaupt aufgeben? Um das Leben in aller Fülle aus der Freiheit zu erlangen ohne irgendetwas Sach- oder Personenbezogenes zu bekommen.

Die Folge ist, dass der Intellekt nicht argumentieren kann, dieses oder jenes aufzugeben, um dies oder das dafür zu bekommen. Es dürfen keinerlei Erwartungen damit verbunden werden, keine garantierten Vorstellungen aufkommen. Gibt man auch auf, wenn man nichts bekommt? Wer nicht aufgeben will, kann so weitermachen mit all dem Spiel, aber soll sich dann nicht beschweren. Andernfalls gibt es dafür ein Bild in Indien: Ein alter Mann umarmt einen dornigen Baum, hält ihn fest und schreit nach Hilfe, weil er am ganzen Körper blutet. Jemand kommt und sagt ihm, er solle aufhören, nach Hilfe zu rufen, denn es gebe keine Hilfe außer der, den Baum loszulassen. Wenn der Mann dann nur antwortet, der vermeintliche Helfer solle verschwinden, was dann? Die Hilfe soll gar nicht dieser Art sein, denn der Mann will den Baum nicht loslassen.

Der Intellekt ist äußerst trickreich, deshalb ist es nötig, in jeder Hinsicht aufzugeben. Solange das nicht geschieht, gibt es keinen Erfolg oder Sieg über das Leid. Auf dem spirituellen Weg ist es völlig anders, als sonst im Leben. Nur wer alles verliert, gewinnt das vollkommene Leben. Dieses Verständnis sollte im Innern wirklich arbeiten, denn Aufgeben bedeutet nicht Verlieren, sondern nur Gewinnen. Deshalb ist der Glaube notwendig, zu gewinnen, weil sonst die Furcht vor Verlust überhand nimmt. Dafür muss man sich immer wieder dieses Wissen vergegenwärtigen, bis man es realisieren kann. Die größte Kraft liegt in vollständigem Vertrauen aus eigener Kraft und Überzeugung durch das Verstehen als magischer Formel, ohne jegliche Spur des Zweifels. Es ist ein mentales Gesetz, wodurch übernatürliche Kräfte möglich sind. Es geht auch nicht um blinden Glauben, sondern um eigenes Austesten. Nur was sich für einen selbst bewahrheitet, hat die Möglichkeit zur glaubhaften Überzeugung. Auch nicht der Glaube ist gemeint, der durch jemanden anders vermittelt wird, wie bei einer Religion. Das Wissen sollte aber nicht verworfen werden, ohne es zuvor zu testen. Etwas ist sicher bei nur einmaligem Versuch des Aufgebens nur einmal im Leben: Nichts kann passieren oder falsch werden. Alles bleibt wie es war, man hat allerdings den eigenen Schatz gefunden. Mit dieser Überzeugung un-konditioniert ja zu sagen, gleich ob man es in die Tat umsetzen kann oder nicht, lediglich dieses Ja entspricht dem Beispiel des Einschlafens für jemanden, der nicht weiß was das ist. Der Widerstand des Intellekts ist durch die Furcht bedingt, alles zu verlieren. Tatsache ist jedoch, dass Aufgeben und dorthin zu gelangen (die Fülle zu erfahren), so einfach ist wie Einschlafen. Mut benötigt man nur, wenn man Angst hat. Nur die Bereitschaft ist maßgeblich. Wenn man sich gestattet, es geschehen zu lassen, dann muss es geschehen, aber man gestattet es nicht, weil man an sich selbst mit großer Anstrengung festhält. Es ist wie Banji – Springen mit einem Gummiseil von großer Höhe, wobei man sich nach hinten wegfallen lässt ohne zu wissen, wie und wo man ankommt. Man begibt sich in einen Bereich, den man nicht kennt, für den es keinerlei Beweise gibt für das, was dann geschieht und keine Garantien. Was man als Beweis hört, ist nicht überzeugend und das möchte man nicht riskieren. Es geschieht sogar zu Beginn des Einschlafens, dass ein Gefühl des Fallens mit folgendem Zucken auftritt, und man sofort durch den Über-lebensdrang aufwacht, obwohl man den Schlaf doch so gut kennt. Der Überlebensdrang bzw. der Widerstand ist sehr stark und kann durch Entspannung (Tiefenentspannung P.E.T.) verringert werden.

Das Wachsen der inneren Klarheit entwickelt sich parallel mit dem Wachsen von Wissen bzw. Weisheit. Dabei wird der Intellekt stabil d.h. man bleibt unberührt von allem was geschieht. Nur dann kann man von innerer Stabilität sprechen, wenn man von nichts berührt wird von dem was geschieht, wenn man frei ist von Schwankungen des Gemüts, von Stimmungsschwankungen in größeren oder kleineren Zyklen, sogar über längere Zeiträume wie Jahre oder Monate hinweg. Durch den Mangel an innerer Stabilität entsteht das Gefühl von Unsicherheit, und solange dieser Zustand besteht, kann nichts Sicherheit vermitteln, auch nicht Geld, Gut und alles was ich sonst möchte. Selbst wer viel besitzt, sammelt weiter an, weil er sich nicht sicher fühlt. Das Gefühl von Sicherheit entsteht nicht durch äußere Mittel oder durch irgendwelche äußeren Umstände. Unsicherheit ist eine Form von Angst, man müsse durch irgendeine Situation die gewohnte und bequeme Umgebung verlassen. Wenn wir aus Schwäche die Tendenz haben, schnell auf äußerliche Veränderungen zu reagieren, lassen wir uns von der Situation bestimmen, so dass die Situation unser Meister ist, nicht umgekehrt. Wir werden zum Spielball der Situation, und niemand weiß, was im nächsten Moment geschieht, selbst mit all der Sicherheit, die von uns aufgebaut wurde. Tief innerlich weiß jeder, dass das Leben immer Unsicherheit in sich birgt. Die Ereignisse in der Welt zeigen und beweisen uns, dass es überhaupt keine Sicherheit gibt. Selbst wenn ich noch hundert Jahre hier gut leben will, ist nicht garantiert, dass ich in der nächsten Stunde noch vorhanden bin. Es ist eine harte Tatsache, vor der wir versuchen, uns mit einer Scheinsicherheit zu verstecken, die wir aufbauen. Angst und Unsicherheit aber bleiben, wodurch wir sehr geschäftig sind. Wenn das Gefühl von Unsicherheit aus dem System verschwände, würden alle Aktivitäten aufhören, die mit einer Absicht und Erwartung verbunden sind. Es blieben nur die instinktiven Aktivitäten übrig, um das eigentliche Leben aufrecht zu erhalten, bei denen es keine Probleme gibt. Die Probleme liegen da, wo ich ganz bewusst etwas anstrebe. So lange wir glauben, Sicherheit zu finden in Form von Erfüllung oder irgendetwas entsprechendem, dient das letztlich nur dieser mentalen, emotionalen oder physischen Sicherheit auf intellektueller Ebene. Sicherheit auf dieser Ebene bedeutet, mit viel Anstrengung des

Lesens und Studierens Vorstellungen und Modelle aufzubauen von gut und schlecht, richtig und falsch, davon wie etwas sein sollte, und diese Vorstellungen dann zu schützen. Wenn jemand versucht, sie anzugreifen oder zu zerstören, wird man zu ihrer Verteidigung aggressiv. Ebenso verhält es sich mit der emotionalen, physischen und mentalen Sicherheit. Deshalb halten wir an der Welt so anhaftend fest und nehmen viele Dinge wichtig vom Groben bis zum Feinstofflichen hin. Da taucht die Frage auf, warum das alles so wichtig ist. Diese einfache Frage führt bereits in eine hilflose Position, die mit Unwissenheit beschrieben ist. Wir haben uns willentlich und mit voller Überzeugung an die äußere Welt verkauft. Der wirkliche Wert solchen Verhaltens wurde niemals infrage gestellt. Es gab nicht einmal die Möglichkeit dazu, da sich jeder dem entsprechend so selbstverständlich verhält.

Spiritualität will Ursachen aufzeigen und eine Lösung anbieten. Es gibt damit für uns weder Sicherheit noch Unsicherheit. Unsere Unsicherheit beruht auf der Instabilität, entsprechend unserer Gewohnheit, Abhängigkeit und Tendenz, auf äußeres Geschehen zu reagieren, und sich entsprechend damit zu identifizieren. Wir unterliegen entsprechend den äußeren Einflüssen auch Veränderungen. Unwissenheit äußert sich in Form von Verhaftung, die an den Reaktionen erkennbar ist. Erfahrbar wird dieser Ablauf als Freude oder Leid. Es ist die schwierigste Aufgabe überhaupt, diese unzweifelhafte Überzeugung zu vermitteln, dass der feste und stabile Zustand in uns selbst die Antwort auf alles ist, wobei es nicht um dieses oder jenes Problem geht, sondern um jegliches, gleich ob es den Körper betrifft, den Geist, die Gefühle oder den Intellekt oder Probleme im Zusammenhang mit der Gesellschaft, mit der Schöpfung oder mit anderen Menschen.

Es gibt nur eine Antwort auf jegliches Leid. Können wir das wirklich ohne Zweifel mit voller Klarheit sehen? Aus zwei Gründen sehen wir es nicht. Zum einen sehen wir viele Probleme anstelle nur eines grundsätzlichen. Wenn wir das eine Problem als viele sehen, können wir die Antwort der Stabilität in uns selbst nicht annehmen. Je mehr man Klarheit gewinnt, umso mehr wird man schätzen können, dass es nur ein Problem gibt, das als Vielzahl erscheint, nämlich zu erkennen, wir sind, so wie wir sind, vollkommen. Die Natur unserer Unvollkommenheit oder unseres Unwohlseins bedeutet ja nur, dass wir nicht so sind, wie wir sein möchten. Es gibt nicht einmal Klarheit darüber, wie wir sein möchten.

Nach Aussage der Schriften möchte jeder nur bei sich selbst sein, unbesiegbar, womit gemeint ist, dass uns niemand etwas antun oder uns stören kann. Doch das ist nicht realisierbar, indem man Veränderungen in der äußeren Welt herbeiführt. Die Unbesiegbarkeit ist ein Zustand, in dem man durch kein äußeres Geschehen in der Welt beeindruckt wird und unberührbar bleibt. Wenn ich in mir selbst ruhe, bin ich unbesiegbar. Nur das kann Sicherheit vermitteln.

Die Unsicherheit, die wir fürchten, ist das einzige was wirklich sicher ist, wenn wir uns ihr völlig überlassen. Das entspricht einem Rätsel. Wenn man das nicht vollkommen verinnerlicht, wird sich die Überzeugung von der Vielfalt der Probleme nicht auflösen und die Welt wird wichtig bleiben. Ein rationales Verstehen genügt nicht. Man sieht weiterhin nur all die Ursachen für die Probleme. Durch diese Unwissenheit werden wir getäuscht. Darin liegt die Wahrheit des Lebens. Der Glaube, alles in der äußeren Welt in für uns optimaler Weise korrigieren zu müssen, damit es uns gut geht, ist der große Irrtum. Schließlich geht man nicht bei einer Krankheit zum Arzt und bestimmt, wie er einen heilen soll, sondern man akzeptiert Diagnose und Medizin von ihm oder geht bei fehlendem Vertrauen zu einem anderen. Wenn wir Probleme und Begründungen ansehen, definieren wir auch die Gründe, obwohl zwischen uns und der äußeren Welt keine Verbindung besteht, es sei denn, wir stellen eine Verbindung über Ursachen von Problemen her. Ursachen und Gründe sind durch den kritischen Intellekt gegeben, der sich mit der äußeren Welt in Verbindung setzt und solche als Probleme definiert. Man möchte ja auch noch Recht haben! Dann sucht man eine Lösung nach eigener Vorstellung. Wenn man einen Feind hat, also jemanden, der mit uns nicht übereinstimmt, bzw. der eine Bedrohung darstellt, ist er für uns ein Problem, das es zu beseitigen gilt, und dann wäre es gelöst. Wer aber kann Mr. Bush überzeugen, dass Bin Laden nicht das Problem und seine Ausrottung nicht das Ende der Probleme ist? Wir verhalten uns alle entsprechend.

Wenn die Starre solchen Denkens aufgegeben wird, öffnet man sich für dieses Wissen, andernfalls hört man davon, aber es springt immer wieder weg, wie ein Ball von der Wand. Wenn solche Blockaden von festgefahrenen Überzeugungen und unrealistischen Vorstellungen, wie die Dinge sein sollten oder wie sie sind, nicht aufgelöst werden, gibt es keine Klarheit und man kann das Wissen nicht wirklich schätzen, kann das Wissen im Menschen nicht lebendig werden. Alle spirituellen Lehren sind nur dazu da, diese Hürden nacheinander aufzulösen, damit die Weisheit uns erreichen kann, und zwar in Form von Vertrauen in uns selbst.

Wie stark ist unser Vertrauen in die Welt? Hundert Prozent? Wenn es weniger ist, bedeutet es Leid. In gleichem Maß sollte man Vertrauen in das Wissen haben. Nur so kommt der sich quälende Intellekt mit seiner Instabilität zu seinem Ende. Nur dann kann man das Leben in seiner Fülle erleben, gleich in welcher Situation man ist. Wir suchen alle nach einer einfachen und direkten Antwort auf all unsere Probleme. Was wäre noch angenehmer im Leben? Wenn morgen eine Pharma Firma ein Medikament herausbrächte, bei dem man mit einer täglichen Dosis keinerlei Krankheit bekäme und ein ewig gesundes Leben führen könnte, was würde das kosten? Diese Medizin gibt es mit diesem Wissen umsonst, es gibt eine Lösung für alles, man muss es nur probieren, indem man den Intellekt zu seiner Quelle zurückführt, zu dem guten Gefühl *upasana*. Wenn man die Fähigkeit entwickeln kann, sich mit der eigenen Quelle zu verbinden, die sich durch das gute Gefühl ausdrückt, werden die Probleme nicht in konditioniertem Sinn gelöst, doch sie verschwinden und es gibt keinen Grund, aus dem Gefühl überhaupt herauszukommen, außer der eigenen Unwissenheit und dem Mangel an Vertrauen. Dieses wächst langsam mit der Beschäftigung damit, indem man immer wieder in der Meditation zu der Essenz zurückkehrt, in der sich alles findet. Dort ist nicht der Partner fürs Leben, aber was man damit bekommt, ist schon in der Essenz enthalten. Ebenso verhält es sich mit anderen Werten. So sollte man das Wissen schätzen, damit sich Vertrauen aufbauen kann.

In der Entstehungszeit der Veden hat man hierfür ein Opfer empfohlen, aber man opfert dafür nichts Materielles, sondern falsche Vorstellungen von dem, was wir sind. Damit entsteht Stabilität, und man wird für das Wohlbefinden unabhängig von der äußeren Welt. Das Äußere verliert seinen Einfluss, weil man sich zurückgezogen und die Geborgenheit in sich selbst gefunden hat. All die Geschäftigkeit von Intellekt und Geist verlangsamt sich, und man wird friedvoll und zufrieden. So sagt Ramana Maharshi, dass es möglich ist, von Anstrengung bei Personen zu sprechen, die nicht an ihr eigenes Selbst glauben, sondern an Schicksal und seine Veränderbarkeit, so dass sie gar Astrologen fragen, die noch mehr Unsicherheit vermitteln. Sie glauben, etwas ändern zu müssen, und darum drehen sich alle Diskussionen. Doch dahinter steht ursächlich die Unwissenheit. Wenn jemand diese aufgelöst hat, gibt es weder Vertrauen noch Unsicherheit oder Schicksal, und die Anstrengung fällt ab, der Handelnde verschwindet. Der Erfahrende, der Leidende und der Handelnde sind Unwissende, die eigentlich gar nicht da sind, aber als real erscheinen. Wenn der Handelnde verschwindet, und mit seiner Quelle verschmilzt, dann entsteht Frieden, und alles überflüssige Handeln hört auf. All diese spirituellen Lektionen sollen die Überzeugung vom Sinn des Aufgebens fördern. Wenn man ohne jeden Zweifel überzeugt ist aufzugeben, dann stellt sich nicht die Frage, wie man das macht, es geschieht einfach. Die veränderten Vorstellungen und Überzeugungen führen uns dazu, sie loszulassen.

Nichts kann über die Wahrheit gesagt werden, und sie kann nicht so sein, wie sie von unserem Geist erfasst wird. Der Geist ist ewig darin gefangen, die Dinge nur über Vorstellungen oder Erfahrungen zu kennen. Die Vorstellung von Individualität hat sich durch Erfahrungen gebildet. Wenn es keine Veränderungen gäbe, und alles statisch wäre, könnte es keine Erfahrungen geben. Jede Erfahrung braucht speziell den Prozess von Veränderungen. Ramana Maharshi stellt deshalb die Frage, wer diese Erfahrung macht oder welcher Art deren Prinzip ist. Es muss ein unveränderliches Prinzip vorhanden sein, aufgrund dessen all die Veränderungen geschehen, denn anders könnte man die Veränderung nicht erkennen. Mit welchem Maßstab stellt man die Veränderung fest? In der Mathematik ist die Basis null, ohne die das gesamte System nicht existierte. Die Basis hier ist ebenfalls null, was dem SELBST bzw. dem Bewusstsein entspricht. Null bedeutet die Abwesenheit von allem übrigen. Der ganze Prozess der Erfahrungen ist nach den Veden die Dreiheit *triputibheda* von Erfahrendem, Erfahrenem und dem Prozess des Erfahrens, die nicht voneinander trennbar sind. Zusammen machen sie das Leben aus, so wie in der Mathematik die Kalkulation, die Zahlen und die Summe, die kalkuliert wird zusammengehören. Selbst wenn all diese Veränderungen in uns geschehen, ist null nicht abtrennbar, denn es gibt nichts was zu trennen wäre. Das bedeutet jedoch nicht die Wertlosigkeit von null, denn darin ist potentiell die ganze Mathematik enthalten. So wie die Bedeutung von null untrennbar mit der Mathematik verbunden ist, so ist das SELBST mit dem Leben verbunden. Es ist auch ein Null-Prinzip, ein Prinzip der Leere, auf dem der ganze kosmische Tanz des Lebens stattfindet, das Drama, die Erfahrungen und Vorstellungen, woraus alle Konzepte entstehen können, und worauf sich alles aufbaut.

Es gibt keinen Moment ohne eine Verbindung zum SELBST. Dennoch scheint eine Trennung irgendwie in uns geschehen zu sein und zwar in Form von Identifikation mit dem Körper, wodurch das Gefühl von Getrenntheit auftritt. Jeder schafft diese Getrenntheit selbst, um eine scheinbare Einheit mit Hilfe der Identifikation zu bilden, wodurch aber die Verbindung zum SELBST nicht mehr spürbar ist. Darin liegt die grundlegende Ignoranz, das ursächliche Leid oder die Angst *mula dukha.* Es ist das Gefühl, allein zu sein, einsam, isoliert vom Rest der Welt. Darum hält man sich an etwas fest, und zwar vor allem am eigenen Körper und wird zum Ich und zum Ego, zum autonomen Individuum. Dadurch ist die Überzeugung bedingt, selbst auch der Körper zu sein im Sinne von „ich bin", und wir sind mit ihm verhaftet. Deshalb glauben wir, dass der Tod des Körpers auch der eigene Tod ist. Eine Existenz ohne den Körper ist nicht vorstellbar und auch unerwünscht. Die Vorstellung vermittelt Angst, weil wir dann wieder ohne jegliche Unterstützung oder Hilfe wären. Doch warum sind wir so sehr mit dem Körper verhaftet, es kann nicht nur Angst sein, sonst könnten wir uns ja theoretisch mit einer Säule identifizieren, die viel stabiler als der Körper ist. Der Körper kann schließlich etwas Besonderes bieten, nämlich Genuss, Freude und Erfahrungen durch alle Sinne. Welche Aktivität es auch ist, man lässt sich auf das Spiel ein, verliert es, und verfängt sich darin kontinuierlich, ohne es zu wissen, und genießt es. Deshalb scheint man vom SELBST völlig abgeschnitten zu sein. Diese Identifizierung mit dem Körper und all den Erfahrungen hat eine derartige Wirklichkeit eingenommen, dass die Wahrheit dahinter nicht mehr erkennbar ist, und zwar aus zwei Gründen: Die Wahrheit selbst ist keine Sache, nicht dies nicht das, und sie ist nicht sichtbar. Der Zustand von Wohlbefinden kann von uns nicht ohne weiteres unmittelbar erfahren werden. Wir können nur erfahren, ihn zu verlieren und wiederzubekommen. Und dieses Wiederbekommen ist mit Freude und Lust verbunden. Für das Wiederbekommen muss man immer wieder verlieren und treibt so das Spiel von Verlieren und

Wiedergewinnen, wie am Beispiel des durstigen Wüstenwanderers oben geschildert.

Deshalb haben wir uns immer wieder darum gekümmert, das Verlangen mit viel Leidenschaft zu stärken. Ein Leben ohne Wünsche flößt Angst ein und klingt bedrohlich und vor allem langweilig. Die ganze Idee des Lebens basiert nur darauf, wie weit das Spiel spielbar ist, um im Namen von Freude zu Wohlbefinden zu gelangen im Zusammenspiel mit Intelligenz und Erfahrungen, mental, emotional oder intellektuell. Man erschafft sich selbst ein Rätsel, verfängt sich darin und will es lösen, um sich wieder wohl zu fühlen. Zu dem Zweck gibt es Massen von Büchern auf dem Markt zur Unterhaltung des Intellekts. Warum aber kann man nicht ohne derartige Rätsel sein? Ohne die Lösungen der Rätsel wäre es offensichtlich schrecklich. Doch man kann auch zu dem Punkt gelangen, an dem es keine Rätsel mehr gibt. Das ist der Zustand von Wohlbefinden, den wir in der Regel nicht erkennen können, weil wir keine Erfahrungen damit haben. Ohne Erfahrungen wird jedoch die Individualität sterben, weshalb dieser Zustand Angst vermittelt und als Langeweile erscheint. Man fühlt sich nicht mehr leicht mit sich selbst und wird zunehmend unruhig. Es entsteht ein Leidensdruck, wenn der Zustand anhält. Wer Langeweile ertragen und sich ihr ausliefern kann, wird einem Dämonen begegnen, bestehend aus Ängsten und Schrecken mit geistigen Bildern und negativen Gedanken, die einen schütteln und zum Handeln zwingen, um Zufriedenheit zu erlangen. Der Teufel der Unruhe, die Illusion, die zur Unterhaltung aufgebaut ist, muss aber nach einer Steigerung ersterben, wenn die Nahrung nämlich Aufgeregtheit, erregende Momente und Stimulierendes fehlen. Darauf gründet eine der möglichen Methoden, die z.B. Franziskus von Assisi angewendet hat. Er ging keinerlei Kompromisse ein, er gab sich keinen Genüssen mehr hin. Er brachte es zu dem Punkt, fast verrückt zu werden, weinte bis zum Zusammenbruch und von da an war ihm die Erleuchtung gegeben. Danach saß er so friedvoll da wie Ramana Maharshi. Er wurde ruhig, sagte nichts, lehrte nicht, versuchte auch nicht, Menschen zu helfen, wie anfangs. Er hat alles aufgegeben. Danach war er nur friedvoll. Der Dämon war verschwunden und das Spiel beendet.

Der Intellekt kann es in dem so erreichten Zustand weder als dies noch als das erkennen. Man kann es nur durch Verneinen des einen oder anderen benennen. Die Identifikation ist dann nacheinander transzendiert. Wenn das die Methode der Meditation wird, wenn man eins nach dem anderen transzendiert, bleibt am Ende nur das ICH BIN übrig und nichts anderes.

Ohne Neugier und Kreativität gäbe es keine Kunst und vieles mehr nicht, was aber in diesem Zusammenhang keine Bedeutung hat. So lange uns irgendetwas wichtig ist im feinstofflichen oder grobstofflichen Bereich, sind wir nicht in uns selbst, sondern im Bereich der Unwissenheit. Nur wenn absolut alles seine Bedeutung verliert, keine Spur davon vorhanden ist, nur dann sind wir ganz bei uns selbst, *Shivoham,* ich bin DAS. Ein Mensch, der diese Verbindung zum SELBST wieder gewonnen hat, ist auch in seinem Körper, erfährt Kälte und Hitze, empfindet Schmerz und Freude, aber wo ist er? In der Erleuchtung ist ein Mensch nicht der Körper, sondern nur das leuchtende Prinzip, das überall und auch im Körper ist, ohne jegliche Getrenntheit. Bis man diesen Zustand erreicht, identifiziert man sich mit dem Körper, man ist der der Körper und alles ist außerhalb unserer selbst, weshalb es nicht ICH ist.

Wir stehen derzeit mit unserer Entwicklung an der Stelle, jemanden schön zu finden oder nicht zu mögen, weil wir uns mit ihm wohl oder unwohl fühlen. Was ist denn eigentlich von mir getrennt? Tatsächlich ist alles in mir, ich und DAS, Äußeres und Inneres. Ich verbleibe nur als ein Zeuge, der nicht einmal etwas beschaut in einem Zustand von *samadhi,* der alles ermöglicht was geschieht, ohne etwas zu tun zu haben mit dem, was geschieht.

Vom Zustand des Zeugen ausgehend geschieht zunächst das Bezeugen und man wird zu dem Zeugen, der zuschaut, womit schon eine gewisse Verengung verbunden ist. So ist ein gerade geborenes Kind nur Zeuge, wenige Monate später beginnt das Bezeugen. Der nächste Schritt in der Entwicklung ist das Erkennen, worauf die Identifikation folgt. Die weitere Entwicklung bringt Erfahrungen. Während all dieser Phasen besteht eine Verbindung zum SELBST. Ein erleuchteter Mensch beschäftigt sich nicht damit, einem anderen Menschen das Leid abzunehmen, weil aus seiner Sicht niemand leidet. Es ist auch nicht möglich, das Leid wegzunehmen. Man kann nur die Tatsache zeigen, dass es im Sinne von Spiritualität kein Leid gibt. Alles andere kann nur temporäre Hilfe im relativen Bereich sein. Was die Spiritualität anbietet ist nur eine einzige Antwort, die Ursache von Leid aufzuheben, woraus Wissen resultiert. Das geschieht, wenn man sich selbst erkennt.

Ramana Maharshi sagt, bezüglich des Körpers seien der Erleuchtete und der Nicht – wissende gleich, weil der Erleuchtete auch fühlt, allerdings nicht leidet. So konnte Ramana ohne Narkose an Krebs operiert werden. Er fühlte den Schmerz ohne zu leiden. Wozu brauche er den Körper, sagte er. Wenn er sterben sollte, dann sei es. Er hatte mit dem Körper nichts mehr zu tun. Freude oder Leid hing für ihn nicht vom körperlichen Zustand ab, denn er hatte die Fülle in sich gefunden. Ein Erleuchteter lebt in seinem Körper nach dem Prinzip von SEIN, aber nicht als der Körper, nicht nach dem Prinzip von „ich bin“. Das SEIN umfasst die ganze Welt ohne das Gefühl von Getrenntheit, ohne Angst vor dem Tod, ohne Vorstellung von Individualität, und nur deshalb ist ein solcher Mensch unsterblich. Er hat die Einheit zurück gewonnen und das Unsterblichkeitsprinzip des SEINS. Dagegen erfahren andere Menschen, dass sie ihr Körper sind, und dass alles außerhalb ihrer selbst ist. Sie bauen eine Beziehung dazu auf, so dass sie sich angenehm fühlen. Der Kampf bezieht sich nur auf zweierlei, nämlich sich gut zu fühlen mit seinem Körper und mit dem, was ihn umgibt. Es entspricht nun einmal der menschlichen Natur, sich vollkommen wohl fühlen zu wollen.

Man muss die Vorstellung aufgeben, etwas rational wissen zu wollen. Notwendig ist nur, aufzugeben, nicht mehr zu kämpfen, denn um Kämpfe geht es ja immer. Das Leben ist eigentlich wie eine Wasserblase, die sich im Ozean des Lebens befindet. Tatsächlich sind wir sogar selbst der Ozean und nicht die Blase, die fürchtet, zu zerplatzen. Wenn die Blase den Fluss sucht, weil es unbequem ist, eine Blase zu sein, kann sie den Fluss nicht finden, weil sie selbst eigentlich der Fluss ist, ohne es zu wissen.

Es gibt zwei Arten von Leben, worüber in der Spiritualität gesprochen wird. Eines ist das Leben, das die meisten Menschen führen, unaufhörlich suchend, um etwas ergreifen und festhalten zu wollen, indem man zahllose Aktivitäten unternimmt. Wir glauben dann, es sei das Lebensziel, mehr Freude und Erfolg dadurch zu bekommen. Es ist eine Falle, in der man sich in diesem Leben verfangen hat, ein Dreieck mit drei K, wie die Krähe, die dreimal Kräh ruft, sagt Ramakrishna. Achte auf diese Falle:

Kanshena das ist Reichtum, worunter Genuss, Objekte des Genusses und Besitz zu verstehen sind, die vermitteln, dass man bei großem Besitz sich den ganzen Tag daran erfreuen kann, und dadurch einen kontinuierlichen Zustand von Genuss hat. Es gibt dabei keine Zeit der Sättigung durch ständigen Wechsel des Genuss – Objektes. So hält uns die freie Marktwirtschaft mit Neuem zu Narren.

Kamine ist die Erfüllung auf emotionaler Ebene, um unsere Unvollkommenheit im emotionalen Bereich zu befriedigen. Wenn wir uns verlieben mit hohen Erwartungen und großen Versprechungen, werden solche Vorstellungen früher oder später begraben, wobei man desillusioniert wird. Es kommt sogar eine Zeit, in der eine Beziehung unangenehm wird und man sich sogar erleichtert trennt. Damit geschieht im emotionalen Körper das gleiche wie im materiellen. Man hat Hunger, isst bis zu dem Punkt, an dem es genug ist, und gibt es wieder ab, bis später wieder Hunger entsteht. Das gleiche Spiel geschieht bei der Partnersuche. Der Kampf und solches Bemühen, von außen alles Fehlende aufzufüllen, gelangt zu keinem Ende, selbst wenn man alt wird. Das Alter ist dafür keine Hürde.

Kithi ist noch gefährlicher: Jeder sollte mir Komplimente machen, jeder sollte mir zustimmen. Wir alle würden gern verhätschelt, weil es in uns an Selbstwertgefühl fehlt, weil wir uns minderwertig fühlen, weil wir nicht genug Respekt für uns selbst haben. Die eigene Meinung über sich ist eher verwirrt oder minderwertig, nicht angenehm, weshalb man das Unangenehme von außen verdecken möchte. Wie viele unserer Handlungen dienen nur dem Zweck, der Welt oder sich selbst etwas Gutes zu tun, um der eigenen Anerkennung willen. Neue interessante Garderobe dient auch dazu. Sollte sie nicht anerkannt werden, tritt erst Aggression gegen den verurteilenden Menschen auf, dann gegen das Objekt. Auch viele Gebräuche dienen diesem Zweck. Sogar mit unangenehmen Dingen versuchen Menschen, Aufmerksamkeit auf sich zu ziehen. Ein weiterer Aspekt davon ist Macht: Jeder sollte sich so verhalten, wie ich es sage, denn ich habe immer Recht. Wer mir nicht Recht gibt, gehört nicht zu mir. Man spielt alle möglichen Spiele, damit solche Leute nicht in den eigenen Kreis kommen.

Jede Aktivität in der Welt, die durch das rationale Denken gesteuert ist, fällt unter die drei *k,* gleich in welcher Rolle jemand ist, sogar als Yogalehrer oder Meditierender. Der unausweichliche Faktor dahinter ist, dass wir nicht genug von dem bekommen, was wir damit bezwecken. Es gibt niemals ein dauerhaftes Genügen daran. Dadurch bleibt das Leben immer in Bewegung. Auch wenn Psychologen meinen, man müsse an der Struktur speziell etwas ändern, wird das nur temporär möglich sein. Der Irrtum aber ist grundsätzlicher Natur. Nichts kann eine endgültige Lösung vermitteln. Man kann das Leben auf diese Weise nicht in seiner Fülle leben, weil das Fundament falsch ist. Die gesamte Struktur des Lebens, all das eingeschlossen, worum wir uns lebenslang bemühen, ist vom grundsätzlichen Ansatz her falsch, weil sie auf Unwissenheit beruht. Hat alles Wissen der Welt uns gegeben, was wir wirklich möchten? Die letzte Sicherheit? Vollkommene Zufriedenheit? Ramana Maharshi sagt dazu, dass all solches Wissen keine reale Grundlage hat, weil der Mensch sich nicht einmal selbst kennt. Wer bin ich, wer bist du, ist nicht zu beantworten, denn es geht nicht um Name, Alter, Beruf, Gewicht und dergleichen. Es gibt keine Antwort darauf, weil alles nur auf der Unwissenheit aufbaut. Es entspricht der Lehre von Mathematik ohne den Sinn und das Wissen über Null. Deshalb kann uns nicht gegeben werden, was wir suchen, und ist das Leben eine Illusion. Deshalb sagt die Spiritualität dazu, dass das ganze Leben in seiner Fülle für jeden Menschen bereits vorhanden ist, wenn er nicht kämpft und sorgt, sondern alles schätzt und die Fülle verehrt als Ausdruck des Göttlichen in sich selbst. Dann lebt man wie ein König, nicht wie ein Bettler. Das geschieht nur, wenn sich ein Mensch selbst kennt. Mit solch einem Wissen existiert das gleiche Leben mit allen äußeren Phänomenen, kein anderes und alles existiert in seiner Fülle, es besteht nicht aus Suche. Es spielt keine Rolle, wie lange man lebt, nur in welcher Qualität man lebt, auch nicht, wo man ist, sondern wie es einem geht. Es spielt keine Rolle, was man tut, sondern nur, wie man es tut. Nur das Wissen über einen selbst kann der Ursache des Leidens eine Ende setzen. Aus einer spirituellen Haltung geht man nicht mit dem Leid um, sondern nur mit seiner Ursache. Wenn die Ursache verschwindet, fliegt die Krähe vom Dach, weil sie besiegt wurde. Diese Krähe auf dem Dach ist das EGO, die Illusion von Eigenständigkeit.

Kann es wahres Wissen sein, wenn der, der es weiß, sich nicht selbst kennt? Diese Frage wird in keiner Philosophie oder Psychologie beantwortet. Jemand, der sich selbst kennt, für den wird die Überzeugung verschwinden, an der ganzen Welt als einzig unumstößlicher Realität festzuhalten, so wie die Erscheinung des Seiles als Schlange verschwindet. Das hört sich hoffnungslos an und was können wir tun? Wie kann man sich selbst erkennen, wie erleuchtet werden? Bereits im relativen Bereich gibt es genügend Erleichterung und Gutes, und man kann den Weg nur immer weiter gehen. Solange man nicht die Stille erreicht hat, muss man anderes tun, Yoga, Meditation und Tiefenentspannung betreiben, gute Bücher dazu lesen und mit anderen darüber sprechen. Das Wissen löst jegliche Grenzen auf, die wir gezogen haben z.B. zwischen den Menschen oder zwischen Natur und Menschen. Im Wissen stellt sich nicht die Frage nach dem Leid der anderen. Ein Bild soll das verdeutlichen. Man träumt, in einem Boot zu segeln, ein Sturm kommt plötzlich, das Boot sinkt und es gibt noch 20 Passagiere im Boot, um die man sich sorgt. Man stirbt fast vor Angst – wacht dann aber auf und sieht, dass es nur ein Traum war. Dann wird man nach dem Erwachen nicht nach den anderen fragen. Andere gibt es nur, solange es ein Ich gibt. Wenn kein Ich da ist, gibt es auch keine anderen. Was da ist, ist nur DAS bzw. das ICH von allem. Das kann nichts von dem sein, was man sich vorstellen kann. Ein Gefühl von Verbundenheit mit anderen liegt im esoterischen Bereich und ist mit dem erwachten Zustand nicht vergleichbar. Beim Fehlen von einem Ich ist nicht einmal ein Gefühl von Einheit vorhanden. Mit aller Geisteskraft ist das nicht vorstellbar. Jemand der es weiß, kann nur stumm werden und sich verwundern wie man es sich evtl. bei einem neu geborenen Kind vorstellen kann, das sich nur wundert.

Die verlässlichste Quelle des Wissens, die uns in einer greifbaren Form zugänglich ist, *agama* (der Anfang) sind die Veden. Es gibt vier Aussagen in den Veden, die sich immer wiederholen und äußerst paradox wirken. Sie sagen einerseits klar, dass Leid niemals sein Ende finden kann, bis man die Wahrheit über sich selbst klar erkannt hat. Man sollte alle Anstrengungen aufbringen, sich in seiner ganzen Fülle hingeben und alle Fähigkeiten nur dafür einsetzen. Auf der anderen Seite heißt es, wir sind schon zu jeder Zeit, was wir suchen. Unter allen Umständen bleibt die Wahrheit die gleiche, nämlich ein nicht leidendes unveränderbares Prinzip zu sein. Alles was man sieht und hört, riecht, schmeckt und erfährt ist nichts anderes als DAS. Doch ist es nicht das, was man gegenständlich sieht, sondern das Prinzip und Substrat, das alles andere aufrechterhält, so wie ein Film im Kino, der auf die Leinwand projiziert wird. Alles geschieht auf der Leinwand mit Farben und Bewegungen. Der Film läuft zwar verursachend dafür durch den Projektor, doch es ist das Licht dahinter, das alles auf der neutralen Leinwand sichtbar werden lässt. Wenn im Film Feuer zu sehen ist, brennt nicht die Leinwand. Die Realität bei der Vorführung ist nur das Licht. Es erscheint auf der Leinwand, als ob es Farben und Bewegungen hätte, doch es bleibt konkret allein nur Licht, das wir als solches nicht sehen. Trotz der unveränderlichen Wahrheit, dass es nur Licht ist, sehen wir das Geschehen des Films nicht als Licht. Die Veden vermitteln, dass in allem, was man spürt, nur DAS ist. Es hat sich vermischt wie die Reflektion des Spiegels mit dem Spiegel. Es ist nicht trennbar.

Die dritte Aussage, die die Veden machen, und die noch schwerer zu akzeptieren ist, besagt, dass ES durch die Sinnesorgane nicht wahrgenommen werden kann, nicht durch den Geist gewusst noch vorgestellt werden kann. Wir jonglieren damit intellektuell, um es zu sehen, was aber völlig nutzlos ist, da der Intellekt es niemals erfassen kann. Die Wahrnehmung der Sinnesorgane ist nichts anderes als die Fortsetzung von Vorstellungen, die wir üblicherweise von allem haben. Diese Vorstellungen haben ein weiteres Netz erschaffen, in dem die ganze Welt entsteht. Im Traum ist auch der Träumer, das Geträumte und das Träumen nicht voneinander zu trennen. Ebenso ist es bei dieser Vorstellung: Der Träumende, ich, ja selbst Gott existiert nur in der Vorstellung. Die höchste und nobelste Vorstellung, die der Geist erschaffen kann, ist die Vorstellung von Gott, vermitteln die Veden. Ein Zustand ohne Vorstellung ist nicht vorstellbar. Das Ich ist an den Prozess der Vorstellung fixiert, andernfalls existiert es gar nicht. Deshalb wird immer gesagt, dass das Ich nur ein Phantom ist, das in der Realität nicht existiert, aber als einzige Realität erscheint. Wenn man diese Wahrheit hört und versucht, die Realität durch Betrachten, Nachdenken und Studieren zu begreifen, dann ist immer noch das Ich da, das es wissen will. Ich will meine eigene Quelle kennen. Dieses Ich möchte sich selbst aufrechterhalten, so wie das eingeschlossene Wasser in einer Wasserblase den gesamten Ozean in sich einschließen möchte, um seine Natur zu kennen. Aber ist das überhaupt möglich? So versucht der Meditierende einen Zustand ohne Vorstellungen zu erreichen.

Man kann ES nicht sehen und nicht wissen, womit die Veden sich der menschlichen Beschränktheit wohl bewusst sind. So halten sie uns zum Narren. Während sie zu Beginn mit wunderschöner Sprache DAS glorifizieren, sagen sie später, dass es nicht zu verstehen ist, dass man es erkennen muss. In einem weiteren Schritt sagen sie, dass man schon immer in diesem Zustand war und nicht suchen muss, weil es ein immerwährendes Prinzip ist.

Was bedeutet es nun, etwas wissen zu wollen? Es ist nicht wie üblicherweise etwas zu wissen, sondern etwas zu erfahren. Die Veden vermitteln dann weiterhin, dass man nichts wissen kann, außer nichts wissen zu brauchen. Das ist ihre letzte Antwort. Der innere Drang nach solchem Wissen ist die Unfähigkeit des Aufgebens, denn erst wollen wir alles wissen, dann erst sind wir bereit, aufzugeben. Diese Priorität ist durch das Ego bedingt. Man kann vieles loslassen, doch nicht sich selbst, es sei denn, man kennt die Wahrheit. Darin liegt die höchste Form der Unwissenheit. Um diese zu zerschlagen, ist nur die höchste Wahrheit geeignet. Doch die Veden lassen uns nicht in absolut frustrierendem Zustand zurück. Sie vermitteln, dass man dafür alle Vorbereitungen treffen kann. Dazu gehört auch die Meditation als ein Prozess, bei dem das Ich von sich selbst loslässt. Das ist ähnlich dem Einschlafen, das spontan geschieht und nicht lernbar ist, wofür jedoch alle Vorbereitungen als gute

Voraussetzungen getroffen werden können, wie vollkommene Ruhe und gute Temperatur, Dunkelheit etc. Man soll jedoch darauf achten, sich nicht auf die Vorbereitungen zu fixieren. Der Schlaf tritt spontan nach den Vorbereitungen ein. Die Erwartungshaltung stört jedoch das Einschlafen. Man kann den Vorgang nicht aktiv ausführen, sondern nur alle Bemühungen fallen lassen und bereit dazu sein. Die Bereitschaft geschieht durch einen langen Prozess der Reinigung des Geistes, durch den das Ego bescheidener, demütiger, sanfter und entspannter wird. Der Intellekt kennt sich am besten im Schlaf, im Wachzustand und im Traum, ununterbrochen, aber nicht als Selbstbewusstheit.

Das Wissen kann nur durch Erkennen geschehen und zwar in reinster Form von bewusst werden *turiya,* nicht in Selbstbewusstheit. *Brahman* ist das all durchdringende, das durch nichts begrenzt werden kann. Es ist nicht einmal die unpersönliche Bewusstheit, oder Bewusstheit überhaupt, aber auch nicht die Abwesenheit von Bewusstsein. Man kann darüber nichts sagen.

Spiritualität beschäftigt sich mit Bewusstheit, der ersten, subtilen Reflektion dieses Prinzips, so wie sich die Sonne im Wasser reflektiert, das sich dadurch erwärmt. Die Sonne spürt aber die Hitze selbst nicht. So ist es mit der absoluten Wahrheit, die nichts davon weiß, allerdings nicht im Sinne von Unwissenheit. Wenn wir sagen, es ist nicht dies und nicht das, dann geben wir damit jede Anstrengung auf, das zu verstehen. Es liegt jenseits unserer Vorstellung, wenn es auch die Wahrheit ist. Die erste Reflektion ist Bewusstheit ohne Selbstbewusstheit, unpersönliches Bewusstsein. Wenn man unmittelbar vom Tiefschlaf erwacht, gibt es – noch ohne Funktion der psychischen und rationalen Aktivität – eine Lücke, in der nur Bewusstsein besteht *turiya brahman,* das reflektierende *brahman,* die Seele, „der Vater" im christlichen Verständnis. In dieser Form der Bewusstheit ist kein Gefühl von getrennt sein vorhanden. Man hält *brahman* für allgegenwärtig, alles durch-

dringend, der allwissend Erfahrende von allem. Das bedeutet nicht
hohe Geschäftigkeit oder Allwissenheit im Sinn von unendlich viel
Information. Ein Mensch, der in diesem Sinne alles weiß, erleuchtet
ist, gelangt von einem Zustand der Unwissenheit zum Zustand des in
sich Ruhens, und ist am Ende seiner Suche. Es ist ein Zustand völligen
losgelöst seins *sat-chit-ananda.* Veränderungen finden dann nicht mehr
statt. Die Reflektion hört jedoch dann nicht auf: die erste Reflektion ist
das SELBST, die zweite Reflektion ist das Ich als persönliche Bewusstheit und Individualität. Auch diese hat die Qualität des *sat-chit-ananda,*
was ursprünglich in seiner Vollkommenheit potentiell vorhanden ist
und dann in jenen Bereich übergeht, in dem es sich ausdrückt ähnlich
wie das Licht, das die Objekte nach ihren Farben reflektiert. So wie das
Licht seinen Ausdruck als Farbe findet, so reflektiert sich das Bewusstsein im Intellekt bzw. im Geist. Geist und Intellekt sind das gleiche. Das
Ich beginnt sich mit den drei ursprünglichen Eigenschaften zu identifizieren. Es ist in seiner reinsten Form nichts anderes als unqualifizierte
Selbstbewusstheit. In diesem Zustand ist es so rein wie das SELBST. So
wie das Licht die Farben sichtbar macht, so nimmt diese Einheit eine
Identität an. Man wird etwas: Die ersten drei Identitäten des Ego sind
die gleichen drei Qualitäten, allerdings begrenzt. Wir können wissen,
etwas tun, und uns erfreuen, aber in beschränkter Form. Ich werde der
Handelnde, der Wissende und der Erfahrende. Die Vorstellung, der
Handelnde zu sein, entsteht nur aufgrund des Gefühls von Mangel. Ich
versuche den Mangel durch Tätigkeit auszufüllen. Deshalb verbringen
wir viel Zeit damit und wollen die Fähigkeit haben, alles uns mögliche
zu tun, was wir auch in Wissenschaft und Technologie zu erreichen
versuchen. Wir glauben, die Befriedigung im Leben erreichen zu können, wenn wir alles vermögen, was wir wollen, weshalb wir immer mehr
lernen. Wir sind damit selbstzufrieden.

Die zweite Identität, die ebenfalls eine begrenzte Form dieser Fülle ist,
ist die Allwissenheit, die sich allerdings beschränkt. Durch die Iden-

tifizierung wird man zwar zum Wissenden, doch entsteht durch die Beschränkung ein Vakuum, nicht genug zu wissen, weshalb wir uns unwohl fühlen. Diese Identifizierung geschieht bereits im Kindesalter. Der dadurch bedingte Wissensdurst dehnt sich aus bis zum Bedürfnis, Gott oder sich selbst zu erkennen, das größte Wissen, was wir jedoch nicht können. Mit dem Intellekt ist solches Erkennen nicht möglich, weil sich damit das Ego ausdehnt. So entstehen viele Bereiche des Wissens, mehr als menschlicher Geist je fassen kann. Die Anstrengung dazu ist immer da. Niemand hat dennoch für sich jemals völlige Zufriedenheit dadurch gewonnen.

Der erste Aspekt der Anstrengungen ist das Streben nach Fähigkeiten, dann nach Wissen, und der dritte Aspekt, der in seiner Fülle in unserem natürlichen Zustand vorhanden ist, bedeutet, in sich zu ruhen und keine Unannehmlichkeiten zu haben. Wenn dieser Zustand aber als begrenzt erfahren wird, bedeutet das Unwohlsein und ursächliches Leid, wodurch man sich nicht leicht mit sich selbst fühlt. Man beginnt einen riesigen Bereich zu erforschen, wie man davon loskommen kann. Es ist der Bereich von Spaß, Freude, Glück und Erfahrungen. Dieses Bestreben ist ebenfalls unendlich, nämlich die Befriedigung von Zunge, Augen, Ohren, Nase und von Berührung. Wir glauben, eines Tages dadurch die Zufriedenheit zu finden. Außer diesen drei Dingen, Fähigkeiten erwerben, Wissen anhäufen und Genuss haben gibt es nichts auf der Suche nach Ego oder Intellekt. Es ist wie ein Fahrzeug mit drei Rädern.

Das Spiel des Lebens mit diesen drei Rädern ist das wichtigste für uns geworden, weshalb wir es endlos fortsetzen. Eigentlich gibt es aber gar kein Spiel, es sei denn, wir spielen es. Nichts existiert aus sich selbst heraus, auch nicht das Leben. Wir halten das Spiel des Lebens aufrecht mit diesen drei Rädern und treiben es an. Dieses Spiel, sagen die Schriften, ist aus Unwissenheit entstanden und niemand weiß warum.

Solange jemand an diesem Spiel festhält und es wichtig nimmt, fehlt das Schätzen der Wahrheit. Man kann nicht Unwissenheit und Wissen gleichzeitig schätzen. Die Frage nach den Gründen wäre falsch gestellt. Man kann nur die Frage stellen, wie man aus den Spiel mit drei Rädern heraus kommt, vorausgesetzt die Frage ist äußerst aufrichtig.

Wir suchen meist nicht nach Befreiung und wenn, dann können wir das Spiel nicht loslassen. Man möchte aus der Traumwelt aufwachen, weil sie schrecklich ist. Nur das Aufwachen ist die Lösung der Probleme. Wie würde man denn gern aufwachen? Man möchte alle angenehmen Dinge des Traumes in den erwachten Zustand mitnehmen, nur die unangenehmen zurücklassen. Somit hält die Unwissenheit an sich selbst äußerst fest und lässt keine Chance zu. Das Sprichwort sagt dazu, nicht über den eigenen Schatten springen zu können. Man kann sich die Zufriedenheit nicht aufzwingen oder verfrüht eine Losgelöstheit praktizieren.

Das Wissen beginnt mit dem Wertschätzen dessen, was man tut, was man über das Wissen erfährt und erfragt, und was man eigentlich bekommt, während man genießt. Es geht darum, die Essenz von allem zu erkennen und um analytische Betrachtung dessen, was stattfindet bis zu seiner Wurzel, entsprechend der Psychoanalyse. Es gilt, die Essenz *sama* zu erkennen, die man bekommt. Die Essenz ist das völlige Ruhen im SELBST. Wenn der Mensch diese Tatsache in sich erkennt, lernt er den Zustand als ein inneres Wohlbefinden zu erfahren. Es entsteht das Verständnis, dass man alles nur für das innere Wohlbefinden tut, und alle anderen Dinge verlieren an Bedeutung. Das ist der Anfang von Spiritualität, weshalb der Begriff des „Guten Gefühls" *upasana* dafür eingesetzt wird. Es macht im Leben nichts mehr Sinn als das. Diese Überzeugung sollte sich stabilisieren. Es ist der Pfad zu dem Wissen, zur Befreiung von Zwängen und den Kräften des Unwissens, was Ramana Maharshi den Prozess der Selbsterforschung der Wurzeln nennt.

Jemand der die Essenz dessen erkannt hat, was wir als Leben bezeichnen, indem er tief in sich hineinspürt, sieht die drei Aspekte des Intellekts: Handeln, Wissen, Genießen bzw. Erfahren, die dann alle abfallen, als ob alle drei Räder von einem Fahrzeug abmontiert werden, es nicht mehr fährt und anhält. Das Ego hat dann die drei Identitäten fallen gelassen, wodurch sich der Zweck des Lebens erfüllt hat, doch nicht nach außen, sondern im SELBST. Es ist das Ende des Versteckspieles in sich selbst. So jemand ist in einem Zustand voller Glückseligkeit, in dem man nichts weiß. Außer sich selbst kennt man nichts. Das bedeutet, dass die Selbstbewusstheit in seiner reinsten Form erfahren wird, ein Zustand reinen SEINS, das aus sich selbst heraus leuchtet. Ein Zustand von Verwunderung, *shamaha,* hat ein Mensch, der diese volle Zufriedenheit erlangt hat.

Die Weisheit von Advaita-Vedanta verneint aber einen Nutzen von Spiritualität. Wir stellen oft die Frage nach der Nützlichkeit für uns. Aber es ist nicht der Sinn von Advaita-Vedanta, das Spiel des Lebens immer besser werden zu lassen, da die Unwissenheit nur größer würde. Es ist geradlinig, kompromisslos und klingt hart und bitter, aber nur für Menschen, die nicht dafür vorbereitet sind. Advaita-Vedanta ist nicht einfach zu schätzen, wenn auch einfach zu verstehen. Es gibt für nichts mehr einen Raum, nicht für die Liebsten, für die Welt, für Menschen oder großartige Ideen. Wenn man nach einer Lösung für alle Probleme und für jegliches Leid sucht, dann ist es nur das. Ohne das Schätzen und wirkliche Verstehen und Annehmen wird es keine Früchte tragen. Deshalb sagt Ramana Maharshi, was immer wir tun, soll im Licht dieses Verständnisses geschehen. Mit Nutzen hat das nichts zu tun, es brächte keine Befreiung.

Der Intellekt, die natürliche Reflektion des SELBST, das ICH BIN in seinem ureigensten natürlichen Zustand, ist das was erkannt werden kann. Der Intellekt kann zu sich selbst zurückfinden, um den natürlichen Zustand dieser Einheit zu erfahren. Dessen Natur ist Vollkommenheit bezogen auf Zufriedenheit und Entspanntheit, auf innere Ruhe, Glückseligkeit, Liebe und Schönheit. In seiner Vollkommenheit ist es alles das gleiche und verbleibt unqualifiziert ohne Form und Namen, ohne Attribute, einfach so wie es ist. Es ist nur Wachheit, nicht als messbare Größe, unendlich und so wie die Quelle ist, entspricht ihr die Reflektion. In diesem Zustand ist es nicht als Intellekt zu beschreiben, sondern als reine Form von ICH BIN, der natürlichste Zustand eines Individuums, in dem es keinerlei Gedanken von Dualität gibt. Die Nicht-Dualität ist keine Vorstellung, sondern ein natürlicher Zustand wie eine Frau oder ein Mann zu sein, oder so wie zu leben keine Vorstellung, sondern eine Gegebenheit ist.

Wir sind immer perfekt. Doch von einem relativ frühen Alter an werden von uns die Dinge plötzlich bewertet und zwar nach einem merkwürdigen Prinzip, genannt *maya*, das nicht definierbar ist und den täuschenden Faktor ausmacht, so dass man es nicht einmal erkennen kann. Es beraubt uns unserer Bewusstheit, nimmt unsere Achtsamkeit fort und saugt sie sozusagen in sich auf. Dieser Prozess ist die Identifikation mit dem Körper. Aus einer ursprünglichen Einheit wird eine Identität, es entsteht eine Person, womit auch Beschränkung verbunden ist. Sobald diese Beschränkung unserer Wahrnehmung eintritt, entsteht die Vorstellung von Dualität und getrennt sein, von Isolation und Einsamkeit. Diese Getrenntheit bringt Angst mit sich und das Gefühl von unwohl sein. Man möchte wieder einen Zustand finden, indem man mit allem ohne Wahl in perfekter Beziehung steht, mit den Objekten, den Tieren, den Menschen und Pflanzen, den Sternen und dem Kosmos. Dafür kämpfen wir. Eine perfekte Beziehung bedeutet, dass sich das Phänomen des Andersseins und der Getrenntheit auflöst und man völlig leicht und angenehm miteinander ist, so dass man liebt. Das Verlieben geschieht für uns jedoch nur gegenüber sehr wenigen Menschen gleicher Wellenlänge, wobei man sich absolut wohl fühlt. Es gibt für

Momente nicht einmal das Gefühl zwei verschiedener Menschen und das ist wunderbar. Deswegen liebt man den anderen Menschen. Man glaubt, die andere Person sei die Ursache dafür, tatsächlich liebt man aber nicht den anderen, sondern immer nur sich selbst. Es wäre ein Fehler, die Ursache dafür im äußeren Bereich zu sehen. Das Spiel wird bei solcher Haltung immer wieder verloren.

In derartigem Wohlbefinden möchte man mit allem sein. Betrachtet man die Objekte um sich, so befindet man sich mit den meisten in angenehmem Zustand. Zu einigen Dingen, die uns von persönlicher Bedeutung sind, haben wir aber eine spezielle Beziehung, weil sie uns gehören und einen bestimmten Zweck und eine emotionale Bedeutung für uns haben. Die perfekte Beziehung ist dadurch aber verdorben, weshalb man dann immer wieder darum kämpft. Das ganze Spiel des Lebens ist, in diesen perfekten Zustand zu gelangen. Wenn man sich darin befindet, fühlt man sich auch mit der übrigen Welt gut, so wie im Schlaf alles zur Ruhe kommt, und auch die Welt für den Schlafenden ruhig wird, gleich was darin vor sich geht. Für einen Menschen, der den natürlichen, in sich ruhenden Zustand gefunden hat, gibt es Fülle ohne Getrenntheit. Wollen wir diesen Zustand erreichen? Wir können das gar nicht erreichen, weil wir schon darin sind. Notwendig ist es deshalb nur, *maya* zu zerstören und das Rätsel zu lösen, in dem wir gefangen sind. Wir finden nichts, was wir verloren hätten, da wir nichts verloren haben.

Was wir bei den Vorträgen hören mit all den Entspannungs- Yoga- und Meditationsübungen ermöglicht uns, zu diesem Zustand immer wieder zu gelangen. Doch glauben wir, dieses gute Gefühl immer wieder zu verlieren. Dieses Stadium ist jedoch nur der Anfang des Wissens. Wissen ist völlige Hingabe an das Erkennen, schon immer derart in sich ruhend gewesen zu sein. Der Intellekt etabliert sich in dem „Ich bin DAS".

Es gibt eine schöne Geschichte, die Ramana Maharshi erzählt hat, um zu zeigen, wie man sich das vorstellen kann. Es war ein Ashram auf der anderen Seite eines Flusses. Die Schüler mussten zum nächsten Dorf gehen, um einer Zeremonie beizuwohnen und sie mussten dafür den Fluss überqueren, ihn durchwaten, in dem es jedoch eine starke Strömung gab. Der Guru fragte, wie viele Leute hindurchgehen müssten und zählte zehn Personen. Sie gingen zum Dorf und kamen zum Fluss. Der Guru sagte, wenn ihr losgeht und dann den Fluss überquert, so helft bitte einander und zählt vorher und danach erneut, um sicher zu sein, dass alle da sind. Er übergab einem die Verantwortung dafür. Sie gingen fröhlich los, überquerten den Fluss, und der Führer begann abzuzählen und kam nur bis neun. Er erschreckte sich und meinte, falsch gezählt zu haben und ließ jeden seine Zahl aufrufen. Der zehnte ging offensichtlich verloren. Wie soll man dem Guru den Verlust unterbreiten? Sie begannen, über den Verlust zu trauern. Da kam ein alter Mann, um sie nach ihrem Unglück zu fragen und sie erzählten. Der verstand die Ursache sofort, lachte, ließ sie erneut abzählen, was wiederum neun ergab, aber er zeigte ihnen, dass sie einschließlich des Führers schon immer zehn waren. Dieser erkannte es und war erleichtert. Der zehnte Mann war niemals verloren, obwohl es dem Verantwortlichen so erschienen war. Nun fühlte der sich, als ob er ihn zurückbekommen hätte. Besteht nun die Sorge, ihn jemals zu verlieren? Die Suche ist beendet.

Ich bin schon DAS und weiß es nur nicht. Das gilt es zu verwirklichen, aber wie? Alles wird durch Bewusstheit aufrechterhalten, und ich bin dieses. Wenn der Intellekt in diese Erkenntnis eindringt, es nicht mehr nur versteht, sondern verinnerlicht, genauso natürlich wie ein Mann oder eine Frau zu sein, dann löst sich die Kraft der Täuschung *maya* auf. Man wird sich nicht mehr verlieren. Man kann wählen, ob man das alte Spiel wieder spielen will, und wenn man es spielt, verfängt man sich nicht darin.

Eine andere Geschichte, die Ramana Maharshi erzählt, handelt von einem Theaterspiel. Man soll eine Rolle spielen in dem Kostüm, das dieser Rolle entspricht, und zwar die eines indischen Bettlers, der nichts und niemanden hat, kein zu Hause, keine Familie. Nichts kann schlimmer sein, als ein Bettler in Indien zu sein. Und morgen soll er im Dorf herumgehen mit einer Bettelschale in schmutziger Kleidung. Manche werden Essen spenden, manche tadeln, was man nicht hören mag, die Hunde werden einen anbellen. Der Abend kommt, man ist müde, man schläft irgendwo an der Bushaltestelle, der Morgen kommt, und man hat völlig vergessen, dass man nur die Rolle eines Bettlers spielt. Man wird tatsächlich dazu. Irgendwann kommt jemand und sagt, dass es ja nur ein Spiel ist. Der Bettler wird staunen über die Wirklichkeit, kein Bettler zu sein, sondern einen guten Beruf zu haben. So sind wir alle zu Bettlern geworden und wissen nicht, dass die Bettelschale, die wir herumtragen, den Wert der ganzen Welt hat, der Schatz selbst ist.

Wenn jemand mit der Spiritualität in Berührung kommt, wird er nicht glauben, dass ein derartiger Zustand existieren kann, als spräche man über Utopie. Ein leidvoller Zustand wird als natürlich angesehen. Aber durch wiederholtes Hören des Wissens und durch die Erfahrung von Yoga, *pranayama*, Entspannung und Meditation wird man sich irgendwann so gut fühlen, wie nie zuvor. Dann erkennt man, dass es etwas Neues ist und versteht das Wissen als existent. Das ist der Beginn des Wissens, den eigenen, natürlichen, entspannten Zustand zu erkennen und zu leben. Früher oder später erfährt das jeder, und es wird die antreibende Kraft in uns, solches immer wieder zu erreichen. Irgendwann muss man jedoch verstehen, dass es gar nichts zu erreichen gibt, da es ja unsere wahre Natur ist. Alles andere ist eine fälschliche Identität, die sich der wahren Natur überlagert hat, eine Rolle, die angenommen wurde. Könnte Leid ohne diese Rolle existieren? Wenn man Probleme mit der Tochter hat, ist die Rolle der Mutter ursächlich dafür, auch Probleme mit dem Chef liegen in den Rollen begründet. Eine Rolle ist nicht unsere Identität. Es gibt tausende von Rollen. Ich bin aber nicht diese Rolle. Man weiß das erst, wenn man alle Rollen fallen lässt. Erst dann realisiert man sich als ICH BIN. Das hat sich im Lauf der Lebenszeit niemals verändert, wir haben es nur völlig vergessen, weshalb wir das komplizierte Drama des Lebens gespielt haben.

Wenn man das eigene Dasein erforscht, sagt Ramana Maharshi, sieht man, dass es nicht dual ist, andernfalls erlebt man nur Getrenntheit. Es liegt unserer konditionierten Vorstellung ein falsches Verständnis zugrunde. So wie der zehnte Mann vor, während und auch nach der Suche immer zugegen war, so ist unsere Identität nicht unsere Realität. All unsere Erfahrungen gehören nur zur Identität, ohne die es nicht einmal Erfahrung gäbe. Es gäbe nur eine einzige Erfahrung, SEIN.

Die Ich-Bewusstheit, die die Wahrheit jedes einzelnen ist, hat keine messbare Größe, ist vollkommen und immer unabhängig in sich selbst und im Zustand vollkommenen Wohlbefindens. Tatsächlich ist jeder allein mit sich, angenehm und nicht einsam, denn er verbleibt in sich selbst ruhend als perfekte und unbefleckte Reflektion des SELBST. Es gibt zwischen den Menschen in dieser Hinsicht keinen Unterschied.

Diese Ich-Bewusstheit ist auch Bewusstheit ebenso wie das SELBST, auch im Verstand ist Bewusstheit. Die Sonne sendet auch Licht aus, ebenso der Mond. Aber die Sonne leiht sich das Licht nirgends, während der Mond das Licht von der Sonne erhält und es weiter reflektiert. Wenn der Mond lebendig wäre wie der Intellekt, könnte er die Wärme der Sonne fühlen, die ihn bescheint. Entsprechend kennt sich das Ich-Bewusstsein selbst, was wir Selbstbewusstheit nennen. Aber es kennt sich nicht als dies oder jenes, es bleibt in sich selbst als vollkommen und kennt sich auf diese Weise selbst. Wenn man die gesamte Spiritualität von Advaita-Vedanta in einem Satz zusammenfassen möchte, was ihr

Wissen und ihre Anweisungen vermitteln, dann ist das nur, sich mit sich selbst unabhängig von allem angenehm zu fühlen, weil es vom Ursprung her unsere Natur ist. Wenn wir den Eindruck haben, nicht in dem Zustand des Wohlbefindens zu sein, versuchen wir immer wieder, ihn zu erlangen, denn die Natur des Ich-Bewusstseins ist grenzenlos.

Durch die Selbstbewusstheit und die Fähigkeit, etwas zu projizieren, zu bewegen und zu beleuchten, entsteht im Lauf der menschlichen Entwicklung ein Prozess des Erkennens in sich selbst von Bewegungen, die zunächst keinerlei Struktur haben. Vom Zustand des Absoluten aus geschieht allerdings zu keiner Zeit irgendetwas. Doch wenn die Ich-Bewusstheit einsetzt, ist damit auch der Beginn der Erkenntnis gegeben mit einer Vielfalt von Bewegungen im eigenen Feld, die zunächst noch nichts bedeuten. In der weiteren Entwicklung beginnt der Intellekt allmählich mit der Kraft der Intelligenz, die darin reflektiert ist, alles in eine Struktur zu bringen. Im Lauf der Erziehung wird der Intellekt gebildet, d.h. er wird strukturell konditioniert, was durchaus notwendig ist. Durch diesen Prozess verlässt er die ursprüngliche Struktur, selbst zu sein. Er ist nicht mehr bei sich selbst, mischt sich ein, beginnt sich mit den Bewegungen zu identifizieren und damit auch mit sich selbst. Es scheint dann, als unterliege das Ich-Bewusstsein ebenfalls Veränderungen, was jedoch nicht der Fall ist. Der Schein ist so intensiv, dass es real wirkt.

Ein schönes Beispiel von Ramakrishna ist dazu das folgende: Jemand sitzt als Fahrgast in einem Bus in Indien. Der Verkehr ist dort chaotisch und trotzdem funktioniert er. Man muss spontan und mit Intuition fahren, statt mit Intellekt, wenn man nicht verunglücken will. Im dem Bus ist man hilflos, und man müsste eigentlich aussteigen. Ein Inder stört sich nicht an dieser Fahrweise. Dem entsprechend braucht man sich durch die Veränderungen im Bewusstsein nicht hilflos zu fühlen. Man identifiziert sich mit allem und ebenso auf feinerer Ebene durch all die fünf Kanäle. Diese Bewegungen erreichen den Intellekt, das Bewusstsein als Stimulus wie Geruch oder Geschmack etc., was als der Bereich des Geistes bezeichnet wird. Daraus werden Bilder erschaffen sowie Klänge und Eindrücke von verschiedenen Erfahrungen. Was wir Erfahrung nennen ist, genau betrachtet, die Assoziation des Intellekts mit dem Feld der Stimuli, die kleiner oder größer werden, klein, schnell und hastig, oder groß, weit und langsam. Das geschieht ebenfalls so, dass es real erscheint ohne real zu sein. Dieses sich ständige Ausdehnen und Verengen ist der Prozess des Lebens. Verengung bedeutet Geschwindigkeit und unwohl sein, Ausdehnung ist Wohlbefinden und Leichtigkeit. Die Erfahrungen kann man nach diesem Prinzip darstellen. Verengung ist eine schmerzhafte Erfahrung, Ausdehnung ist angenehm und schön in verschiedenen Kategorien. Doch letztlich geschieht im Geist nur dieser Vorgang von Verengung und Ausdehnung.

Es ist die Natur des Geistes, ständig Veränderungen zu unterliegen. Unsere Assoziation dazu ist der Verlust unseres natürlichen Zustandes, wenn wir uns den Veränderungen überlassen. Wenn wir den natürlichen Zustand beibehalten, und dabei im äußeren Bereich aktiv sind, ist es der Zustand von *savikalpa-samadhi* (Versunkenheit bei gleichzeitigem, vollem Bewusstsein der Dualität von Wahrnehmendem und Wahrgenommenem), dann geschieht nichts mit uns. Wir unterliegen keinerlei Veränderungen, sehen und verstehen alles bei perfekter Klarheit.

Wenn dieser Zustand nicht erreicht wird, hat man seine natürliche Einheit verloren und wird zu dem, womit man sich identifiziert, was wir als Rolle kennen. Dadurch gerät man in den Prozess der Verengung, aus dem man kontinuierlich loskommen will, um die Ausdehnung zu erfahren mit allem was man tut. Man lässt sich vollkommen auf das Spiel ein und wird zu seinem Besitzer und Liebhaber. Man wird eins mit ihm und bleibt damit verhaftet, so dass eine Abhängigkeit wie bei einem Spieler entsteht. Der hat zwar manches gewonnen, doch noch viel mehr verloren. Warum hört man bei so viel Verlust nicht mit dem Spielen auf? Es ist der Glaube, eines Tages nur gewinnen zu können und alles Verlorene zurück zu bekommen. Das verhält sich entsprechend so auch im Leben.

Obwohl es so aussieht, als ob das Ich-Bewusstsein Veränderungen unterliegt, geschieht eigentlich nichts mit ihm. Man kann es mit der Technik beim Abspulen eines Filmes vergleichen. Wenn das Licht hinter dem Projektor Bewusstheit wäre, und der Film bildlich dem Geist entspräche, und man diesen nach außen als laufenden Film projizierte, dann erschiene er als schmerzhaftes Drama, Freude oder Genuss. In der Realität unterliegt das Licht keiner Veränderung, obwohl es die Veränderungen alle in sich trägt. Mit dem Licht geschieht gar nichts. Ebenso verhält es sich mit dem Ich-Bewusstsein. Aufgrund unserer Abhängigkeiten und Gewohnheiten halten wir an den Bewegungen in unserem eigenen Bereich fest und werden zu dem, was sie beinhalten in dem Glauben, sie seien real. Darin liegt unser Problem.

Wir können wieder zu uns selbst zurückfinden, um zu erkennen, dass es nur ein Film ist? Wenn der Film-Held erschossen wird, dann wird man als Zuschauer nicht selbst erschossen. Ein unwissender Mensch, der den Film sentimental betrachtet, ist von ihm betroffen. Für einen weisen Menschen stellt er nur Unterhaltung dar. Er genießt alles in gleicher Weise. Das Spiel selbst haben wir nicht verloren und müssen deshalb nichts wieder gewinnen. Zumindest einmal muss der Film abgeschaltet werden, um dann völlig auf sich selbst geworfen zu sein, damit das Erkennen geschehen kann: DAS bin ich. Das Wissen wird wieder gefunden, Erleuchtung und Erkennen geschehen, ein Zustand von *nirvikalpa samadhi*, in dem man bei sich selbst verbleibt ohne jegliche Inhalte, leer, als der leuchtende Raum. Es verbleibt nur das pulsierende ICH. Die Vorstellung des Ich verschwindet durch das Horchen in die innere Stille, wobei man sich der Quelle zuwendet mit der fragenden Haltung, „wer bin ich", wodurch man sich vom Spiel in sein Zentrum zurückzieht. Den Film kann man aber nicht einfach abschalten, denn der Film läuft nur aufgrund unseres Erkennens. Ohne das Erkennen fehlt der Film, ähnlich wie im Traum. Wenn ein Mensch auf diese Weise seine Quelle aufsucht und zu sich selbst findet, oder seine eigene Quelle erfasst, das gute Gefühl, bleibt nur das ICH zurück.

Nach solchem Erleben setzen sich die Projektionen wieder fort, aber man bleibt bei sich und lässt die Projektionen nur geschehen. Es ist nur ein großes Spiel, *lila*, mit dem man nichts zu tun hat. Nach dieser Erleuchtung lernt man durch die Praxis, immer und immer wieder dahin zu gehen, jederzeit bei sich selbst zu bleiben, es nicht wieder zu verlieren und alles sein zu lassen wie es ist, manchmal auch alles fallen zu lassen, und sich nicht einzumischen. Dann ist ein solcher Mensch befreit, auch wenn er in dem Körper lebt. Es ist dann nicht „mein" Körper, auch wenn es den anderen so erscheint.

Solange man das Instrument des Körpers braucht, um alle Genüsse des Lebens zu erfahren, solange ist er sehr wichtig, andernfalls ist er nur beiläufig noch da. Wer zurück nach Hause gefunden hat, macht keinen Unterschied, alles zuzulassen oder nicht, mit dem Körper oder ohne ihn zu sein. Es gibt keine Grade der Befreiung für den Befreiten. Nur unfreie Menschen messen noch und fragen, ob Buddha befreiter war als Jesus. Deshalb sagt Ramana Maharshi in einem anderen Vers ganz klar, dass Befreiung dreierlei Formen hat, körperlose Bewusstheit, reinste Bewusstheit, wenn der Körper verschwindet (*nirvikalpa samadhi),* und formhafte Bewusstheit, indem allem ohne Identifikation Raum gewährt wird. So gibt es z.B. die Tabla vor mir, sagt Sukumar, die ich zu praktischen Zwecken brauche, aber ich bin gefühlsmäßig nicht mit ihr verbunden, denn in mir ist die Vollkommenheit. Alle Wünsche und Ziele, die Suche und Ambitionen finden ihr Ende in sich selbst. Solch eine Person ist in ihren Handlungen frei von Absichten und Zwecken. Kann man das als Geschehen bezeichnen? Von außen sieht es als solches aus, doch für den erwachten Menschen geschieht nicht einmal etwas, weil er sich in einem tiefen Ozean des Friedens befindet. Wir haben dagegen die Vorstellung, im Zusammenhang mit Verantwortung etwas tun zu müssen.

Ramana Maharshi sagt, dass manche dem erleuchteten Zustand die Natur von Form zuschreiben, andere wiederum ihn ohne jegliche Form erfahren oder in einer Kombination von beidem, was aber nur für außen stehende gilt. Wenn die Zerstörung der Vorstellung von „Ich" geschieht, gibt es die Unterschiede hinsichtlich der Form nicht.

Nach den Unterweisungen und Fragestellungen im *satsang* werden *bhajans* und *kirtans* gesungen, das sind geistliche Lieder mit Texten in Sanskrit. Es folgt noch eine längere Zeit der Stille, die mit Meditation ausgefüllt ist, und an deren Ende sich jeder dankend mit Händen und Stirn zu Boden neigt.

Nirvana Satkam Gedicht von Shankara

Mano budhyahankara chittani naham	Ich bin weder der Verstand, noch der Intellekt, noch der Gedanke, noch der Ichsinn.
Nacha shrotr jihve nacha ghrana netra	Ich bin weder Gesichtssinn, Geschmack, Geruchsinn noch das Gehör.
Nacha vyoma bhoomihi natejo na vayuhu	Ich bin weder der Raum, noch die Erde, noch Luft, noch das Feuer.
Chidananda rupaha. Shivoham Shivoham	Ich bin reine Intelligenz und absolute Glückseligkeit. Das bin ich.
Nacha prana samjno na vai pancha vayuh	Ich bin nicht Prana und auch nicht der fünffache Lebenshauch.
Nava sapta dhatuhu nava pancha koshaha	Ich bin weder die sieben Elemente des Körpers, noch die fünf Hüllen der Seele.
Navakpani padam nachopastha payuhu	Ich bin nicht die fünf Tätigkeitsorgane.
Chidananda rupaha. Shivoham Shivoham	Ich bin reine Intelligenz und absolute Glückseligkeit. Das bin ich.
Na me dvesha ragau na me lobha mohau	Ich fühle weder Anziehung noch Abstoßung, weder Habgier noch Betrug.
Na me vai mado naiva matsarya bhavaha	Ich empfinde weder Neid noch Stolz.
Na dharmo nachartho na kamo na mokshaha	Ich habe weder Aufgaben zu erfüllen, noch ein Ziel zu verfolgen.
Chidananda rupaha. Shivoham Shivoham	Ich bin reine Intelligenz und absolute Glückseligkeit. Das bin ich.

Na punyam na papam na saukhyam na dukham

Ich bin weder das Böse noch das Gute, weder die Freude noch das Leid.

Na mantro na teertham na veda na yajnaha

Ich bin nicht das heilige Wort, nicht die Pilgerschaft, die Schriften oder das Opfer.

Aham bhojanam naiva bhojyam na bhokta

Ich bin weder der Essende noch das Gegessene, noch der Akt des Essens selbst.

Chidananda rupaha. Shivoham Shivoham

Ich bin reine Intelligenz und absolute Glückseligkeit. Das bin ich

Na mrtyurna shanka na me jati bhedaha

Ich kenne weder den Tod, noch die Angst, noch die Kasten-Unterschiede.

Pita naiva me naiva mata na janma

Ich habe weder Vater, noch Mutter, noch Geburt,

Na bandhurna mitram gurunaiva shishyaha

weder Freunde, Verwandte noch Jünger.

Chidananda rupaha. Shivoham Shivoham

Ich bin reine Intelligenz und absolute Glückseligkeit. Das bin ich.

Aham nirvikalpo nirakara rupo

Ich bin ohne Wandel und Form, unendlich, alles durchdringend.

Vibhutvacca sarvatra sarvendriyanam

Nichts kann meinem Wesen etwas anhaben,

Na cha sangatam naiva muktirna meyaha

Weder die Sinnesverhaftung, noch die Befreiung.

Chidananda rupaha. Shivoham Shivoham

Ich bin reine Intelligenz und absolute Glückseligkeit. Das bin ich

7. Literatur

Zitierte, weiter führende Literatur
(**nach eigenem Ermessen besonders zu empfehlen)

1) J. Krishnamurti, Autorität und Erziehung, Bern, 5. Aufl.
2   J. Krishnamurti, Über Leben und Sterben, Fischer TB, Juli 2000
3) J. Krishnamurti, Das Notizbuch 3. Aufl. Fischer TB 2002 **
4) L. Haesler, Psychoanalyse, Kohlhammer 1994 **
5) St. Grof, Kosmos und Psyche,
6) I. B. Jahrsetz, Holotropes Atmen, Psychotherapie und Spirituali-
    tät 1999
7) H. von der Osten, Über die Welt und über Gott, 1. Aufl. 1997
8) B. Hellinger, Ordnungen der Liebe, 6. Aufl. 2000
9) F. Alt, Jesus der erste neue Mann, Piper 1989
10) I. D. Yalom, die Rote Couch *
11) P. Schellenbaum, Gottesbilder, dtv 35025, 1993
12) Ramesh Balsekar, Wen kümmerts, Kamphausen 2001
13) Sukumar Shetty, Upasana, das gute Gefühl, Editions
    Heuwinkel 2001** Informationen: www.upasana. de
14) Satyam Nadeen, Von der Zwiebel zur Perle **
15) Heinrich Zimmer, Der Weg zum Selbst, 8. Aufl. 1997 **
16) Ramana Maharshi, Sei was du bist, 6. Aufl. 2000 **
17) Ramana Maharshi, Gespräche des Weisen vom Berge
    Arunachala, Interlaken 1993 **
18) Ramana Maharshi, Nanyar? Wer bin ich, advaitaMedia 2002
19) Eckhart Tolle, Jetzt!, 4. Aufl. 2001 **
20) Nisargadatta Maharaj, Ich bin, 2 Bde. Kamphausen **
21) Douglas E. Harding, Die Weltreligionen, Lüchow TB 1997
22) Douglas E. Harding, ZEN, Sphinx Pocket 47 1986
23) Ken Wilber, Mut und Gnade, Goldmann 1996 *
24) Yogavasistha, Ansata Verlag 1988 **

25) Tripura Rahasya, Die geheime Botschaft der Göttin Tipura **

26) Mario Mantese, Die Welt bist Du, Drei Eichen 2002

27) Rainer Maria Rilke, 1. Duineser Elegie, Manesse

28) V. Mackenzie, Das Licht, das keinen Schatten wirft, O.W. Barth 2003

29) Sogyal Rimpoche, Das Tibetische Buch vom Leben und vom Sterben, O.W. Barth 1998*

30) Christian Salvesen, Advaita, vom Glück, mit sich und der Welt eins zu sein, O.W. Barth 2003 *

31) Paul Brunton, Der Weg nach Innen, München 1938 (antiquarisch)**

32) Suzanne Segal, Kollision mit der Unendlichkeit, Context

33) Bhagavadgita / Aschtavakragita, Diederichs Gelbe Reihe 2000 **

34) Lama Angarika Govinda, Schöpferische Meditation und multidimensionales Bewusstsein, Aurum 1977 (antiquarisch)

35) Ramana Maharshi, Saddarsanam, Bombay 1995 *

36) Paul Brunton, Die Philosophie der Wahrheit – tiefster Grund des Yoga, Rascher Verlag 1968

37) Wolfgang Strobel, Reader Musiktherapie Wiesbaden 1999

38) H. Geißler, Der Weg in die Gewalt, Geschichte und Staat Bd. 214 S. 52

39) P. Schellenbaum, Im Einverständnis mit dem Wunderbaren, Kösel**

40) H. v. Kleist, Über das Marionettentheater

41) H. Zimmer, Philosophie und Religion Indiens, Suhrkamp TB Wissenschaft 26

42) Artur, Zeit des Erwachens, Turiya Verlag 2004 **

43) Jiddu Krishnamurti, Einbruch in die Freiheit, Lotos Verlag 2004*